36ª edição - Fevereiro de 2022

Coordenação editorial
Ronaldo A. Sperdutti

Projeto gráfico e diagramação
Juliana Mollinari

Capa
Juliana Mollinari

Revisão
Alessandra Miranda de Sá
Ana Maria Rael Gambarini

Impressão
Lis Gráfica

Direitos autorais reservados. É proibida a reprodução total ou parcial, de qualquer forma ou por qualquer meio, salvo com autorização da Editora. (Lei nº 9.610, de 19 de fevereiro de 1998)

Traduções somente com autorização por escrito da Editora.

© 2022 by Boa Nova Editora.

Av. Porto Ferreira, 1031 | Parque Iracema
CEP 15809-020 | Catanduva-SP
17 3531.4444

www.petit.com.br | petit@petit.com.br
www.boanova.net | boanova@boanova.net

Dados Internacionais de Catalogação na Publicação (CIP)
(Câmara Brasileira do Livro, SP, Brasil)

Carlos, Antônio (Espírito)
Reparando erros / ditado pelo espírito Antônio Carlos ; [psicografia de] Vera Lúcia Marinzeck de Carvalho. -- 36. ed. -- Catanduva, SP : Petit Editora, 2022.

ISBN 978-65-5806-018-5

1. Espiritismo 2. Psicografia 3. Romance espírita I. Carvalho, Vera Lúcia Marinzeck de. II. Título.

22-99813   CDD-133.93

Índices para catálogo sistemático:

1. Romances espíritas psicografados : Espiritismo
133.93

Cibele Maria Dias - Bibliotecária - CRB-8/9427

Impresso no Brasil – Printed in Brazil
36-02-22-3.200-128.540

Prezado(a) leitor(a),

Caso encontre neste livro alguma parte que acredita que vai interessar ou mesmo ajudar outras pessoas e decida distribuí-la por meio da internet ou outro meio, nunca deixe de mencionar a fonte, pois assim estará preservando os direitos do autor e, consequentemente, contribuindo para uma ótima divulgação do livro.

VERA LÚCIA MARINZECK DE CARVALHO

Ditado pelo Espírito
ANTÔNIO CARLOS

REPARANDO ERROS DE VIDAS PASSADAS

SUMÁRIO

Introdução 7

Primeira parte

Maurício 13

O casamento 27

A felicidade no bem 40

Despertando 57

Sofrimento 74

Caminhando 90

Segunda parte

O exilado 108

Resgatando 122

Aprendendo a dar valor 137

Antônio 153

Vencendo a mim mesmo 168

A felicidade no bem 187

Epílogo 203

INTRODUÇÃO

Conheci o doutor Maurício num centro espírita, uma casa anônima, local onde nenhum dos seus frequentadores cultiva a glória da personalidade humana e onde se prestam valorosos serviços. Após um grande socorro, no qual por doze horas consecutivas nós, os desencarnados, trabalhamos na recuperação perispiritual de inúmeros irmãos que foram escravizados nos Umbrais e se achavam em estados lastimáveis. Agora, recuperados, dormiam e seriam encaminhados para a colônia.

Esse facultativo, que ama muito o que faz, suspirou ao acabar de socorrer o último irmão e elevou a voz numa prece sincera:

— *Agradeço ao Senhor pela oportunidade de trabalho. Sou grato, Pai, por servir em Seu nome e poder sanar dores, enxugar* lágrimas de irmãos sofredores; tudo que faço é ato de Sua bondade. Longe estou de ser digno de servir em Teu nome. Leva, Pai, em favor, a minha vontade e ajuda-me a ser servo útil. No término de mais um auxílio, somos agradecidos e pedimos que nos oriente sempre no caminho do bem.

Seu semblante, sempre tão agradável, irradiava felicidade no meio de tantas dores. O doutor Maurício é muito conhecido no Plano Espiritual da Colônia São Sebastião, nos Umbrais, nos postos de socorros da região e também pelos encarnados que frequentam o laborioso centro espírita. Trabalha as vinte e quatro horas do dia com alegria infinda. Os sofredores, quando o veem, fixam seus olhos desesperados nele, como os sedentos num copo d'água. É alto, esguio, ruivo, com sardas a enfeitar o rosto, lábios grossos, onde o sorriso radiante e franco é constante. Os olhos são verdes, brilhantes, de expressão bondosa que demonstra toda a alegria de viver servindo.

— Antônio Carlos — disse ele —, esperamos contar sempre com sua colaboração. Certamente, teríamos demorado mais tempo neste delicado trabalho sem a sua preciosa ajuda. Embora saiba que outras tarefas o aguardam, é sempre um prazer tê-lo conosco.

— Maurício, vejo como é amado por todos que o rodeiam. Trabalha há muito tempo neste local?

— Faz tempo que estou desencarnado, trabalhando no Plano Espiritual. Anos fiquei no espaço espiritual da cidade onde vivi minha última encarnação. Quando este grupo, do centro espírita, foi formado, em busca de outras formas de trabalho, emigrei. Aqui estou, procurando servir com meus simples conhecimentos de medicina.

— A medicina deve ser seu grande ideal, não é mesmo?

— *Leia o que está escrito ali.*

Mostrou-me um quadro de madeira gravada, ornando a parede: "Louvado seja o Senhor pelas oportunidades de reparar nossos erros (Amanis)"[1]. Com seu sorriso constante, Maurício continuou, após uma ligeira pausa.

— *Não é maravilhoso que quem se utilizou de um ideal para fazer o mal, espalhou a dor, cometeu erros, possa, quando desperto para o entendimento, sanar dores, espalhar alegria, fazer o bem com o mesmo instrumento que utilizou para cometer seus erros?*

— *Hum!... Como sou apreciador de histórias, deixou-me curioso. Que será que esconde esse sorriso, doutor Maurício? Se pela minha ajuda, como disse, o trabalho acabou antes do previsto, poderíamos sentar no jardim e, sob a luz das estrelas, o senhor contar sua história.*

— *Tem a certeza de que quer? Olhe que poderá se chatear. Prometa-me, então, que, se não o interessar, vai interromper-me. Comovemo-nos sempre com a nossa própria vida. Quem não tem o que contar?*

Saímos do centro espírita, onde os encarnados veem um pequeno salão com cadeiras, uma mesa, e a saída dá para um espaço aberto. Lugar sossegado onde o céu nos parece mais próximo. Plasmado espiritualmente, junto ao centro espírita, está um pequeno posto de socorro, no espaço aberto, um singelo jardim, com bancos, onde os trabalhadores desencarnados do local descansam e se reúnem para palestrar. Sentamos e, já curioso, indaguei:

---

1 Amanis é um orientador espiritual do centro espírita e instrutor de uma escola na Colônia São Sebastião. O quadro no Plano Espiritual está escrito em três idiomas: português, hinduí e sânscrito.
Nota do Editor: hinduí é um dialeto popular e sânscrito é uma língua literária e religiosa da Índia.

— Doutor Maurício, é agora um grandioso sanador de dores, mas que fez no passado? Terá sua história episódios tão pavorosos?

— Pelos Céus! — exclamou, rindo. — Lembrar o passado e ver inúmeros erros não é fácil, a não ser que, por eles, aprendamos a acertar.

— Sei disso. Uma grande parte acha que basta desencarnar que o passado vem à tona. Para lembrarmos, necessitamos de um processo especializado e de eficiente ajuda. Nem todos estão aptos a recordar seu passado, existências anteriores. O passado é nossa herança, está em nós. Recordam aqueles que estão suficientemente maduros para não se perturbarem e que podem, ao saber, servir para sua melhoria. Os aptos recordam, encarnados ou desencarnados.

— Tantas vezes, Antônio Carlos, pensamos que Deus nos é injusto pelos muitos sofrimentos sem explicações, pelas grandes dores que nos afligem. Porém, as dores são nossas colheitas e não sofremos um minuto mais além do que somos capazes de suportar. O sofrimento é um despertamento. Quando despertamos, a oportunidade de reparação aparece. Sou feliz, reparo faltas.

PRIMEIRA PARTE

1
MAURÍCIO

Na minha última encarnação, na qual recebi o nome de Maurício, vivi no interior do Estado de São Paulo. Fui o sexto filho de uma prole de nove, meus pais eram ricos fazendeiros, plantadores de café. Desde pequeno, interessei-me pelos estudos, passando mesmo na frente de meus irmãos mais velhos.

— Quero ser médico! — afirmava sempre e meus pais concordavam, alegres.

Tínhamos muitos escravos na fazenda, que eram tratados como empregados, viviam bem, não havia castigos. Mas não me interessava nem pela fazenda, nem pela política e tampouco pelos escravos, embora achasse uma grande injustiça social tê-los. Pensava mesmo em estudar e o fazia com gosto, lendo muito. Era o único de minha casa a ler a vasta biblioteca de meu pai.

Adolescente ainda, meu pai levou-me para estudar na capital do país, Rio de Janeiro. Ficou comigo até acertarmos tudo e voltou, deixando-me acomodado numa pensão respeitável, perto da Faculdade de Medicina, onde morei durante os anos que lá estudei. Estudar era a minha maior alegria e prazer. Parecia que, e realmente estava, recordava o aprendizado. Tinha grande interesse em tudo, aprendendo rápido. Os professores elogiavam-me e os colegas estavam sempre pedindo auxílio, o que fazia com simplicidade.

Gostava do Rio de Janeiro, que no século anterior era tranquilo, mas amava o interior, seu sossego, sua beleza, seus campos e plantações, ansiava por terminar os estudos e voltar. Raramente saía para passear com colegas, preferia ler artigos recentes vindos da Europa, sobre medicina, ficando muito tempo no meu quarto amplo e arejado.

Por vezes, ia a festas de estudantes, tendo alguns flertes, sem namorar, porque achava que poderia atrapalhar meus estudos. Escrevia sempre aos meus pais e irmãos. Nas férias do final de ano voltava para a fazenda, onde descansava e sempre minha mãe me achava abatido e me alimentava bem. Meu pai tinha uma bonita casa na cidade perto da fazenda, mas eu preferia passar as férias no sossego do campo.

A escravidão começou a me incomodar, grupos estudantis expunham suas ideias, escutava fatos sobre escravos que me deixavam revoltado. Não compreendia o porquê de subjugar uma raça pelo fato de sua pele ser negra. Queria a libertação dos escravos, mas os abolicionistas quase sempre se envolviam na política, iniciando muitas discussões, que normalmente terminavam em agressões. Não participei de grupo algum, mas era amigo dos abolicionistas e sempre contribuía com uma parte de minha mesada para que escondessem negros ou para que os comprassem e alforriassem. Para mim, eram e são todos iguais, brancos e negros, todos, futuros clientes. Passei os anos de estudo sonhando em me formar e, quando o fiz, era o mais jovem da turma, senti enorme felicidade. Meus pais e cinco irmãos vieram para a minha formatura, que teve uma bonita festa. Voltei contente e resolvido a trabalhar mesmo. De uma das salas da nossa casa da cidade fiz um pequeno consultório e logo fiquei amigo dos dois médicos, já velhos, da cidade.

"São ultrapassados esses dois colegas, necessitam estudar!" — observava.

Mas imediatamente entendi que era muito trabalho para poucos facultativos, não deixando tempo nem para o descanso, ainda mais para uma especialização. Naquela época, o médico, principalmente do interior, ia até as residências dos doentes, ocupando muito de seu tempo. Os enfermos da zona rural tinham que vir à cidade e não tinham onde ficar.

"Como faz falta um hospital aqui!" — lamentava.

E Rosa, uma empregada de minha casa, me falou um dia:

— Por que o senhor não faz um?

— Um hospital! Isso! Por que não?

Aluguei uma casa bem localizada, muito grande, de um senhor falido, e lá organizei meu consultório. Rosa e Pedro, um casal de meia-idade, sem filhos, que me queriam muito bem, empregados de minha casa, com a permissão de minha mãe, vieram me ajudar. Acomodei-os nos fundos e com o passar dos anos tornamo-nos grandes amigos. Dos muitos cômodos da casa, fizemos quartos; de uma das salas fiz uma sala cirúrgica, onde podia operar. Parecia um sonho. Inaugurei meu pequeno hospital-casa, estava feliz, trabalhava muito, sempre o organizando, arrumando-o, e foi um sucesso na cidade. Até meus colegas, os velhos médicos, mandavam-me doentes, e vinham, às vezes, me ajudar. Eram os pobres que mais me procuravam no hospital-casa, os que não tinham onde ficar e nem como pagar.

Se estava satisfeito, meu pai não.

— Maurício, você enche de pobres aquela casa, não o formei para isso, pensei que seria como os outros médicos.

Queria mesmo que eu fosse importante, cuidando dos ricos. Achava loucura o que estava fazendo, não ganhando nada, nem para meu sustento. Ele que me sustentava, pagava o aluguel da casa, os empregados. Quando ficava mais exaltado, mamãe apaziguava.

— Calma, calma! Maurício é jovem, idealista, logo cansará, é bom médico, todos na cidade já o procuram.

Papai suspirava, lembrando dos elogios que ouvira sobre mim como clínico.

— Talvez você tenha razão.

De fato, atendia a todos, atencioso, ganhando a confiança até dos dois médicos, que passaram a mandar-me seus clientes mais graves. Atendia todos igualmente, os fazendeiros, suas famílias e seus escravos, ricos e pobres. Somente que não ia a suas residências, somente em raras exceções, os ricos não gostavam de ir ao hospital-casa, como chamavam meu consultório.

Tudo que ganhava era para meu consultório, comprava remédios, equipamentos, o que achava ser necessário. Mas recebia pouco, muitos não podiam pagar, e de outros, principalmente dos colonos, recebia porcos, galinhas, feijão, arroz, que eram consumidos na casa mesmo.

Meus irmãos já estavam todos casados e a família aumentava, tendo já sobrinhos grandes. Foi quando Helena, mocinha de quinze para dezesseis anos, filha de minha irmã mais velha, desejou me ajudar no hospital.

— Tio — pediu ela entusiasmada —, deixe-me ajudá-lo! Poderia fazer muitas coisas, posso atender as pessoas, fazer fichas, dar remédios. Deixe! Não sei por que mulher não pode ser médica. Gostaria tanto.

— Também não sei, provavelmente seria uma extraordinária médica, "dra." Helena. Gostaria muito que viesse me ajudar, necessito realmente de ajuda. Se seus pais deixarem...

Helena saiu alegre e naquela tarde de domingo, quando estávamos reunidos na casa de meus pais, formou-se uma discussão, uns pró, outros contra. Mas meu cunhado acabou por autorizar e, no outro dia cedo, Helena estava em nosso mini-hospital.

Minha sobrinha era lindíssima, cabelos castanhos, traços delicados e grandes olhos azuis. Alegrou logo o ambiente com seu sorriso infantil e espontâneo, era como uma flor a enfeitar. Inteligente, aprendeu rápido, nos ajudando muito, organizou tudo, fazendo um balanço das despesas e orientando nas compras.

Acostumei-me tanto com sua presença que ansiava por vê-la chegar, por ouvir seu riso. Um dia, adoentada com uma simples gripe, não veio. Senti tanto sua falta que descobri que a amava.

"Meu Deus, isso não! Como posso amá-la? É minha sobrinha! Tão menina!"

Escondi aquele sentimento, envergonhado. Para Helena eu era o tio querido a quem muito admirava. Depois, ela sempre me falava de seus sonhos, que eram casar e ter filhos, muitos filhos para cuidar. Na possibilidade de que viesse a me amar, não poderia realizar seus sonhos. Como tio e sobrinha o risco seria grande de termos filhos doentes. Depois, para a família, seria uma calamidade, uma tragédia, que não valeria nem pensar.

Não contei a ninguém e temia que alguém pudesse desconfiar. Mas Rosa, a meiga amiga, sem ir diretamente ao assunto, estava sempre me chamando à razão e me confortando. Às vezes, me enchia de esperanças e pensava ser correspondido.

"Será que Helena também me ama?"

Por mais que tentasse adivinhar os sentimentos de Helena, nada descobria. Pela razão, sentia seu carinho de sobrinha; pelo coração, queria que me amasse. Consolava meu coração somente pelo fato de vê-la todos os dias, trabalhava feliz.

Mas, quando fez dezoito anos, seu pai arrumou-lhe um noivo. Era um bom moço, de família amiga. Senti muito ciúme, pensei até em fugir com ela. Estive para falar do meu amor, mas faltou-me coragem.

"E se ela não me amar? Se contar a todos? É melhor calar, sou tio... Sinto que ela não me ama."

Sofri muito. Um dia Helena chegou triste.

— Tio, marcaram a data do meu casamento, virei ajudá-lo somente esta semana, Luís não quer que eu saia de casa depois de casada.

— Está triste, Helena, fale-me o que se passa com você. Não quer casar? Se puder ajudá-la, o farei. Se não quer esse casamento, darei um jeito — preocupado, quis ajudá-la.

Se ao menos ela fosse feliz, me conformaria. Se não quisesse casar, faria qualquer coisa para ajudá-la. Esperei ansioso pela resposta.

— Não é por isso que estou triste, tio, acho mesmo que tenho que casar. Luís é bom moço, me ama muito. Casada, terei meus filhos, as crianças que tanto quero. Aborreço-me é com esse preconceito. Por que não posso sair de casa para vir ajudá-lo? Gosto tanto de trabalhar aqui, pela primeira vez me senti útil. Gostaria de ter nascido em outra época, que não tivesse a mulher sob tanto domínio. Queria estudar, ser médica como o senhor. Mas...

Enxugou as lágrimas e saiu. Senti muita tristeza, seria difícil acostumar-me sem ela por ali. Uma semana passou rápido, Helena não veio mais... O trabalho aumentou, isso fez com que esquecesse meu sofrimento.

Na véspera de seu casamento, houve um incêndio numa casa, tendo muitos feridos, que foram transportados para meu hospital, não fui ao casamento de Helena. Sofri muito, às vezes sentia raiva de mim por não ter falado a ela do meu amor. Quando ficava mais calmo achava que agira certo. Conformava-me quando via Helena feliz, sempre risonha, e Luís bom e amável. Logo, muito contente, ela me deu a notícia:

— Tio, vou ser mãe. Estou tão feliz!

Resolvi tentar esquecê-la. Como o trabalho era muito, não dava para curtir aquela desilusão, fui pensando menos nela e o tempo foi passando.

Somente eu estava solteiro em casa, meus pais sonhavam em ver-me também casado. Apresentaram-me moças e mais moças na esperança de que gostasse de uma. Mas nem pensava na hipótese, decidira ficar solteiro. Comecei a desconfiar de que planejavam casar-me quando toda a família começou a tecer elogios a uma moça de família do nosso círculo de amizade.

"Maurício, precisa conhecer Maria das Graças, é um anjo."

"Maria das Graças é educada, bonita..."

Todos tinham elogios para ela, parecia ser ela a moça perfeita. Eu ia em casa apenas para as refeições e para dormir e quando havia muito trabalho fazia isso lá mesmo no hospital. Mas os domingos, para meus pais, eram sagrados; a família se reunia para o almoço. Procurava ir sempre, porque sabia como aquelas reuniões eram importantes, nos encontrávamos, conversávamos, era gostoso rever todos.

Domingo, como sempre, levantei mais cedo para estar na hora do almoço em casa. Atendi todos os meus clientes e voltei para casa, fui ao meu quarto para banhar-me, quando minha velha ama entrou e me alertou:

— Meu sinhozinho doutor, seu pai combinou casar o sinhô com a sinhazinha Maria das Graças. Vai se preparando...

— Xii... bem que desconfiava, mas não pensei que me fariam noivo sem me consultar. Que faço? Nem a conheço ou lembro ter conhecido. Se já combinaram, o almoço "vai esquentar". Não vou ficar noivo!

Fiquei nervoso, inquieto, fui para a sala de visitas, onde me apresentaram as convidadas, dona Etelvina e sua filha Maria das Graças. O esposo de dona Etelvina já havia falecido, fora muito amigo de meu pai, tiveram três filhos, o mais velho, que morava longe, trabalhando em uma fazenda que recebera de herança, Maria das Graças e Leônidas, um deficiente mental.

— Prazer... encantado — a cumprimentei gentil, beijando as mãos que me foram estendidas.

Analisei Maria das Graças, elegante, educada, tinha dezessete anos, morena clara, miúda, sem grandes atrativos, embora não fosse feia. Todos fizeram questão de me empurrar para ela, meu pai a chamava de filha e, pelos olhares que meus familiares trocaram, tive a certeza de que minha velha ama não se enganara, queriam me casar.

Almocei quieto, resolvi acabar com tudo antes de começar. Logo que terminamos de almoçar, levantei e convidei Maria das Graças:

— Quer dar um passeio pelo jardim, srta. Maria das Graças?

— Aceito.

Ajudei-a educadamente a levantar e saímos da sala. Todos nos olharam contentes e, ao sair, escutei os comentários:

— Que lindo casal formam.

— Foram feitos um para o outro.

Andamos por alguns minutos calados pelos canteiros floridos. Achando que não deveria adiar mais, tomei coragem e fui direto ao assunto.

— Srta. Maria das Graças, sabe que planejam nos casar?

— Sim — respondeu, acanhada.

— Sinto muito, agem como se não fôssemos interessados no caso. Planejam sem consultar-nos. Não estou de acordo, não gosto de casamentos arranjados. Por favor, senhorita, não se sinta comprometida comigo.

— Mas eu concordei — admitiu ela, levantando o rosto, encarando-me. — Pensei que você também estivesse de acordo. Acho-o simpático, médico de futuro brilhante, nossas famílias são amigas.

— Não terei futuro brilhante. Amo a medicina e a ela somente servirei. Vivo por um ideal, sanar dores. Sinto, senhorita, que você tenha concordado, não se ofenda; não é por você, não quero é casar. A senhorita é bonita, prendada, merece casar com alguém melhor que eu e que a ame.

Maria das Graças ruborizou-se, suas mãos tremiam ao desfolhar uma pequena flor e se esforçou para dizer:

— Se me acha bonita, prendada, poderá me amar. Não atrapalharei seu trabalho, posso até ajudá-lo. Eu... amo você.

Fiquei surpreso, tentei ser gentil, afinal não tinha culpa de ela me amar, tínhamos nos visto tão pouco. Lembrei dela ao vê-la, já a tinha visto pela cidade, não me chamou a atenção e até esqueci. Mas não tinha vontade de casar e preferi ser honesto e acabar ali com o assunto do casamento.

— Desculpe-me, mas casamento não faz parte dos meus planos. Sinto muito, já decidi ficar solteiro.

— Ama alguém?

— Não.

— Então espero.

Abaixou a cabeça, impedindo-me de olhá-la, senti que sofria.

— Voltamos? — convidei-a, ansioso para me ver livre daquela situação deveras desagradável.

Calados, regressamos. Maria das Graças entrou na sala e convidou a mãe para se retirarem. Dona Etelvina devia conhecer bem a filha, pois se levantou e foi se despedir. Maria das Graças apressou-se e logo partiram.

Meu pai, nervoso, olhou para mim.

— Que aconteceu, Maurício?

— Nada. Só disse a ela que não casaria, não caso com ninguém, quando quiser casar escolho a noiva.

— Você?! — desmaiou.

Foi um corre-corre, temi tê-lo matado. Percebi que dera um desgosto aos meus pais, amava-os, respeitava-os, mas casar era demais. Ainda mais que amava Helena, e esta chegou perto de mim, passou devagar as mãos nos meus cabelos e me consolou:

— Tio Maurício, seja forte, logo passa a tempestade. Estou do seu lado, compreendo-o.

Sorri a ela em resposta, nada faria eu aceitar por esposa uma desconhecida.

Papai logo voltou do desmaio e aos gritos me expulsou de casa, fazendo mamãe chorar, aos berros.

Fiz as malas e fui para meu hospital, onde me acomodei e fiquei morando. Meu pai já havia pedido a mão de Maria das Graças a dona Etelvina, sentiu-se amargurado por ter faltado com a palavra dada, sua raiva não passou somente com minha expulsão. Repartiu toda sua fortuna entre meus irmãos, deserdando-me.

A situação do hospital ficou grave sem a ajuda do meu pai. Tendo que pagar o aluguel, os empregados, o dinheiro não dava, passei a economizar em tudo que podia e com tristeza constatei que não conseguiria manter o hospital. Chamei Rosa e Pedro.

— Nossa situação é grave, não posso pagá-los como antes e...

— Aqui temos casa e comida, a situação ruim há de passar. Deus ajuda quem auxilia a tantos — desejou Rosa.

— Doutor Maurício, não temos filhos e gostamos daqui, vamos ficar com o senhor, quando puder nos pagará — decidiu Pedro.

— Obrigado, vocês são excelentes pessoas. Trabalham tanto e ganham tão pouco.

— O senhor ganha? Está tendo lucro?

— Não, eu...

— Por que não podemos ser como o senhor?

— Vocês são meus melhores amigos, terão aqui sempre o lar de vocês.

Quase não saía do hospital, nenhum dos meus familiares veio falar comigo, soube por amigos que estavam proibidos de me ver. Sentia-me triste, saudoso, não queria ressentimentos e os carinhos de minha mãe me faziam muita falta.

Três meses passaram, pensava seriamente em fechar a casa, as dívidas se acumulavam. Foi nessa época que deu entrada no hospital um negrinho com seus treze anos, com o corpo coberto de feridas. Para se ver livre dele, seus senhores alforriaram-no, deixando-o liberto naquele triste estado. Examinei-o demoradamente, não conseguindo diagnosticar a causa das chagas. Quando esse fato ocorria, ficava quieto, meditava e pedia ajuda ao médico dos médicos: Jesus.

"É sarna, complicada por uma alergia, não é grave" — fui instruído.

Separamos Miguel, assim se chamava o garoto, e tratamos dele com banhos, com ervas, remédios caseiros, e, com boa alimentação, foi melhorando. Miguel era esperto, bom e cativou-nos. Curado, ficou conosco, sendo como filho de Rosa e Pedro. Passou a nos ajudar nos trabalhos de casa, nos tempos difíceis, recebendo moradia e alimentação. Quando dava, eu pagava um ordenado.

Nessa época de dificuldade, sofri muito, não queria deixar de atender meus pacientes pobres e não sabia como conseguir manter meu pequeno hospital. Numa manhã, Rosa encontrou um envelope debaixo da porta da frente do hospital.

— Doutor Maurício, veja o que encontrei debaixo da porta, é dinheiro! — exclamou eufórica.

Peguei, abri-o e, de fato, continha dinheiro, contei-o.

— Grande ajuda! Quem será que nos mandou?

— Uma alma boa! Uma pessoa bondosa que sabe das nossas dificuldades — Rosa sorriu contente.

Cheguei à conclusão de que deveria ter sido realmente uma pessoa boa que quis nos ajudar sem ser reconhecida.

O dinheiro nos ajudou muito, paguei as dívidas mais urgentes. E foi enorme a surpresa quando, no mês seguinte, lá estava outro envelope, com a mesma quantia. Era um envelope comum, levemente perfumado, como o outro, sem nada escrito. Todo mês, entre os dias três e cinco, encontrávamos debaixo da porta o dinheiro de que tanto necessitávamos. Assim, com essas doações bondosas, não fechei o hospital. Com economias, livrando-me de muitas coisas, consegui atender a todos que nos procuravam. Passei a imaginar que seria Helena a autora das doações.

"Deve ser ela, sabe das nossas dificuldades porque trabalhou aqui. Não nos esqueceu e quer nos ajudar. Será ela realmente?" — pensava. "Vive tão bem com o esposo e é mãe de um belo garoto..."

Evitava pensar nela, ocupava minha mente com o trabalho, quando tinha tempo, estudava meus apontamentos e meus livros da faculdade.

Sentia falta da casa dos meus pais, deles, dos meus irmãos, sabia que mamãe sofria com minha expulsão. Um dia, fui surpreendido com a agradável visita de minha genitora.

— Maurício, meu filho, que saudade!

Abraçamo-nos saudosos.

— Mamãe, a senhora está doente?

— Não, vim para vê-lo, não aguentava de saudade, e para abençoá-lo.

— Papai sabe?

— Não. O que aconteceu me deixou muito triste. E, embora não fale, a seu pai também. Meu filho, por que não fazer as pazes? Por que você não vai em casa? Peça perdão a ele e tudo ficará bem.

— Mas ele não irá querer me casar?

— Não, acho que seu pai também recebeu sua lição, não se pode obrigar ninguém a casar.

Não podendo demorar, mamãe despediu-se, beijando-me.

— Mamãe, vou hoje à noite em casa.

Arrependi-me de ter me afastado de casa, mas fui expulso, deserdado, mas cabia compreendê-lo, já era tempo da raiva do meu pai passar. Logo após o jantar, me arrumei para ir.

— Afinal — consolou-me Rosa —, o que pode acontecer de pior é ser expulso novamente.

— Não tenho por que não tentar. Não quero continuar afastado deles.

Com o coração disparado, bati na porta, o criado atendeu-me, pedi para ser anunciado. Esperei ansioso, minutos pareceram-me horas e com alívio escutei:

— Pode entrar, sinhozinho, os amos estão na sala de estar.

Emocionado, entrei no meu antigo lar. Meus pais estavam sentados um ao lado do outro. Observei meu pai, estava triste, com os cabelos mais brancos. Ajoelhei aos seus pés, peguei sua mão, beijei-a, e lágrimas correram pelo meu rosto.

— Perdão, meu pai, abençoe-me!

Nada respondeu, olhou-me demoradamente, depois estendeu os braços, abraçando-me forte.

— Seu moleque teimoso. Deus lhe abençoe!

Mamãe chorava, nós três choramos e nos reconciliamos.

Apesar de termos feito as pazes, não voltei para casa; passei a frequentar as reuniões domingueiras, festas familiares. Todos ficaram contentes, meus irmãos eram de paz e unidos. Passei a ver Helena, que teve seu segundo filho.

2

O CASAMENTO

Três anos se passaram desde o dia em que me neguei a casar e fui expulso. Era véspera de Natal e reunimo-nos todos na fazenda para comemorar. A criançada fazia tremenda algazarra, os sobrinhos enchiam a casa. Os adultos estavam espalhados a conversar, procurando lugares frescos, pois o calor estava sufocante.

Meu tio acabara de chegar e deixara a carruagem na porta, quando ouvi gritos e o barulho da carruagem. O filho mais velho de Helena subira na carruagem, soltando os cavalos, que, assustados com os gritos e o barulho, dispararam pelo jardim. A casa da fazenda era muito grande, circundada por jardins e pátios. A carruagem passava desgovernada pelos canteiros, dando a impressão de que iria virar. Como os cavalos não acharam saída, ficaram somente rodando pelo jardim.

Helena, desesperada, correu de encontro à carruagem, tentando pará-la. Os cavalos pisotearam-na. Tudo aconteceu em segundos, empregados e escravos correram e pararam os cavalos e nada aconteceu ao menino. Corri para Helena e ao vê-la percebi que era grave seu estado. Peguei-a no colo e levei-a para dentro, colocando-a no leito. A hemorragia era forte, Helena se feriu na cabeça. Comecei a estancar os ferimentos. Seu marido chorava desesperado, a confusão era grande. Sabia que não iria conseguir salvá-la, mas lutava desesperado contra a morte. A velha ama me trouxe sais caseiros, que a fiz inspirar. Helena abriu os olhos e chamou pelo esposo.

— Luís...

— Estou aqui, Helena.

— Nossos filhos... cuide... deles...

Tombou a cabeça e desencarnou. Não consegui me dominar e chorei alto, segurando suas mãos. Mamãe abraçou-me e afastou-me dela, tentou me consolar.

— A medicina lhe foi ingrata, meu Maurício, não pôde salvá-la. Está chorando por esse motivo, não é? Dedica-se tanto e, de repente, percebe que a vida é dom de Deus.

— Não pude salvá-la, mamãe! Não pude!

— Médico não tem o dom da vida, suaviza dores, chega a acabar com muitas delas, mas a morte é para todos.

— Jovem e tão bela!

Nosso Natal naquele ano foi triste, todos sentiram a morte física de Helena. Para mim, foi desesperador, parecia que um pedaço de mim morrera junto.

"Medicina! Valerá se dedicar tanto a uma ciência?" — indagava, amargurado. "Sabemos tão pouco, sei tão pouco."

Fiquei três dias na casa dos meus pais, triste, desanimado, nem me lembrei dos meus clientes nem do hospital. Rosa veio me chamar.

— Necessitamos do doutor. Por favor, venha!

Lento, sem ânimo, segui-a e esperando-me estava uma senhora chorando, trouxera o filho de nove anos com um enorme corte na perna. Feriu-se com um machado quando trabalhava.

O garoto, pálido, olhou-me em rogativa.

— Dói muito, doutor.

Bastou isso para me chamar novamente às responsabilidades. Sofria, mas muitos outros sofriam e dependiam de mim para ter suas dores findas. Logo, o garoto estava com o curativo feito e agradeceu aliviado:

— Não dói mais! Obrigado, doutor, obrigado.

Sua mãe agradeceu:

— Sei do luto do senhor, mas não sabe o que é ver o filho machucado, sangrando, e não saber o que fazer e nem ter dinheiro! Deus lhe pague!

Saíram, fiquei só, olhei o crucifixo que ornava a sala de curativos.

"Ah, meu Jesus! Deve ter motivos para ter levado Helena. Se me deixou na Terra, não foi para lastimar. Pouco posso, mas nesse pouco quero ser útil. Seja feita Sua vontade."

Fui ver os meus doentes, trabalhando como sempre, e, pensando em como sobreviver, preocupei-me:

"E agora, que faremos sem o dinheiro de Helena?"

Os dias passaram e no dia quatro lá estava o envelope com a salvadora quantia.

"O envelope com o dinheiro! Então, não era Helena! Quem será?" — fiquei intrigado.

VERA LÚCIA MARINZECK DE CARVALHO ditado por ANTÔNIO CARLOS

Pensei e concluí que não poderia ter sido Helena, esta não era tão rica para dispor daquela quantia sem que o marido soubesse. Porque se Luís soubesse não necessitaria mandar escondido. Senti, no seu desencarne, que Helena não pensava mais no seu trabalho no hospital e que amava o marido. Foi nele que pensou e nos filhos, quando sentiu que iria desencarnar. Ela era, fora, somente minha sobrinha e agora, tendo recebido de novo o envelope, estava provado não ser ela a pessoa que naqueles anos todos nos ajudava no anonimato.

"Quem será? Quem me ajuda? E por quê?"

Pensei num plano para descobrir. No dia dois do mês seguinte, chamei Miguel.

— Miguel, preste atenção, deverá descobrir quem está nos mandando estes envelopes. Ficará escondido a noite toda, não durma e não fale nada a ninguém. Se vir a pessoa, não faça barulho. Ela não poderá ver você. Quero que me fale quem é. Certo?

Arrumamos um bom esconderijo para Miguel, de onde, sem ser visto, podia ver todos que se aproximassem da porta. Fui dormir ansioso. Naquela noite, ninguém trouxe o envelope. Fiz Miguel dormir o dia todo para vigiar à noite.

— Pode deixar, doutor Maurício, descubro quem traz esses envelopes — afirmou todo importante o filho adotivo de Rosa.

Outra noite de ansiedade, porém, no outro dia, cedo:

— Doutor Maurício, aqui está o envelope e a notícia.

— Fale logo. Você viu quem foi?

— Foi o velho Geraldo, um escravo da dona Etelvina, vi bem e conheço-o.

— Dona Etelvina! Maria das Graças! Miguel, não fale a ninguém, senão o mando embora.

— Não falo, Virgem Maria! O doutor manda, eu obedeço. Aonde vou se o doutor me mandar embora? Não falo!

— Pode ir, menino, vá dormir. Confio em você.

Passei dias a pensar em Maria das Graças, deveria ser ela muito bondosa. Em vez de me odiar, ajudava-me em silêncio. Sempre que podia, ia à missa aos domingos e, naquela semana, fui na esperança de vê-la. Ela estava lá, o interessante é que a achei muito bonita. Trajava um vestido muito elegante, cor-de-rosa, olhei-a muitas vezes. Percebendo que a fitava, encabulou-se.

Naquele domingo, ao nos reunirmos para o almoço, mamãe aconselhou-me:

— Maurício, você está passando da idade de casar, não morrerei tranquila sabendo-o sozinho, queria que tivesse uma esposa para cuidar de você, é tão descuidado. Veja seus irmãos, todos casados, com filhos, até netos. Não quer ter filhos, Maurício?

Pensei muito no que mamãe disse, gostaria de ter filhos, uma casa e acabei pensando em Maria das Graças.

"Afinal, Maria das Graças é rica e não necessitarei sustentá-la. Se tem me ajudado, certamente continuará a fazê-lo, depois de casarmos. Mas será que ela ainda me quer? Será que ela realmente me amou? Ou ama-me?"

— Falando sozinho, doutor Maurício?

— Rosa, você acha que devo casar?

— Acho que deve, dona Maria das Graças é boa pessoa.

— Como sabe que pensava nela?

— Não poderia ser outra senão a bondosa dama que nos tem sustentado.

— Será que ela não está comprometida?

— Logo saberemos. Miguel!

Algumas horas depois, Miguel voltou com as informações.

— Doutor Maurício, o senhor sabe como sou esperto, descobri tudo, sem levantar suspeitas. A ama de dona Maria das Graças se chama Ana, falou uma parte e escutei aqui, perguntei ali e...

— Miguel, fale logo — pedi, ansioso. — É ou não comprometida?

— Não, dona Maria das Graças já recusou dois pedidos de casamento, não namora ninguém, sai pouco, vai muito à igreja e cuida dos negócios sozinha.

— Obrigado, Miguel!

Resolvi me aproximar dela. Rosa fez para mim um bonito ramalhete de flores, que colheu do nosso jardim, e escrevi um bilhete com os dizeres:

"Srta. Maria das Graças

Aceite estas humildes flores, que mando de coração. Peço-lhe que me receba sábado, para uma visita.

Agradeço

Maurício"

Miguel foi entregá-las e logo veio com a resposta:

"Doutor Maurício

As flores são lindas. Agradeço-lhe.

Espero que venha jantar conosco sábado às dezoito horas.

Maria das Graças"

— Viva! Viva! — exclamei, contente. — Ela aceitou, acho que posso ter esperanças.

Rosa ajudou-me, arrumando minha melhor roupa. Desde que saí de casa, não comprei mais roupas e as que tinha estavam velhas. Arrumei-me do melhor modo possível e, às dezoito horas, estava a bater na porta da casa de dona Etelvina.

Dona Etelvina e Maria das Graças trataram-me bem e logo me senti à vontade, o jantar estava delicioso e conversamos muito, sem mencionar o desagradável episódio em que me recusei a ficar noivo. Achei Maria das Graças muito agradável e meiga. Ao me despedir, pedi permissão para acompanhá-la à missa no dia seguinte.

— Doutor Maurício — alertou ela —, aqui, quando uma moça vai acompanhada de um rapaz à missa, todos dizem que são comprometidos.

Sorri, criando coragem, respondi:

— Você se importa? Tem namorado? Eu também não sou comprometido. Não posso esconder que esses comentários me trariam prazer.

Maria das Graças ruborizou-se.

— Venha buscar-me às oito horas.

— Serei pontual.

Acompanhei-a e após a missa ficamos felizes a conversar na frente da igreja, como era costume naquela época. Depois a acompanhei até a sua casa. Gostei muito de conversar com ela, Maria das Graças era inteligente e discreta.

Os comentários corriam mesmo, já no almoço todos sabiam e já nos consideravam comprometidos. Meu pai olhou-me e indagou:

— Maurício, foi expulso, deu-nos enorme desgosto ao teimar em não casar; agora, espontaneamente, você vai procurá-la. Você pode me explicar o que lhe acontece?

— Tenho pensado muito e entendi que o senhor tinha razão. Onde achar melhor esposa?

À tarde, fui vê-la, conversamos animados na sala de visitas de sua casa, sempre com Ana, sua ama, ao lado. Na despedida, beijei-lhe as mãos.

— Maria das Graças, você gostaria de namorar comigo? Não sei como pude ser tão bobo e cego. Perdi muito tempo. Você está tão linda...

— Gostaria — respondeu feliz.

Nosso namoro agradou a todos e dois meses depois, numa grande festa, ficamos noivos. Meu pai, como já havia repartido as fazendas para meus irmãos, não pôde me fazer herdeiro novamente. Porém, comprou a casa que alugava e me deu de presente, e também sua casa da cidade. Minha mãe comprou roupas novas e caras, renovando meu guarda-roupa. Marcamos o casamento, que se realizaria após três meses. Meu pai me deu dinheiro para que fôssemos viajar para a França em lua de mel. Ao contar a Maria das Graças, esta pareceu adivinhar meus pensamentos.

— Maurício, não irá tranquilo deixando seu hospital, não é?

Sorri, ela continuou:

— Acho que no futuro poderemos viajar mais tranquilos. Mamãe está adoentada e não quero ficar longe dela. Ainda há Leônidas, somente eu consigo acalmá-lo quando tem suas crises. Da fazenda sou eu quem cuida... Com esse dinheiro você poderá reformar a casa, agora sua, o hospital necessita mesmo de reparos.

— Maria das Graças, você é a mais linda e bondosa das noivas! Adoro-a! — Entusiasmado, pegando-a no colo, rodopiei-a no ar.

Comecei a reforma no dia seguinte e meu pai cedeu-me escravos, empregados e madeira, e acabou me dando mais dinheiro. A casa ficou como eu queria.

O dia do casamento chegou, Maria das Graças estava linda e casei feliz.

Ao sairmos da igreja, muitos dos meus clientes pobres jogaram flores em nós, com gritos de viva, o que me fez chorar emocionado.

Fomos morar em casa de dona Etelvina. Ao ficarmos a sós, Maria das Graças perguntou:

— Maurício, você recebe todo mês uma quantia em dinheiro?

— Recebo, sim! De uma pessoa caridosa, um anjo que nos ajuda. Sem esta ajuda não teria conseguido sustentar aquela casa. Diga-me, Maria das Graças, como sabe disso?

— Sou eu! — sorriu contente.

— Oh, meu anjo!

Achei melhor não dizer a ela que descobrira, fiquei com medo de magoá-la, estava tão feliz, sentia que ela me amava muito. Depois, anjo não é para ser magoado, para mim ela era um anjo que ajudava a fazer o meu trabalho.

— Maurício, agora, receberá em dobro, mas não irá em envelopes às escondidas. Ajudarei a sustentar o hospital, minha fazenda, agora nossa, dá bom lucro.

— Como você é boa!

— Não quero interferir no seu trabalho e sei que também não terá tempo para os negócios. Assim, você fará o seu e eu continuo a fazer o meu: administrar a fazenda. Concorda?

— De acordo. Estou tão feliz! Como você é maravilhosa! Farei você feliz, meu anjo.

Prometi a mim mesmo fazê-la feliz. E fomos. Combinávamos muito, procurei ser sempre atencioso, delicado com ela. Maria das Graças não interferiu na minha profissão, me dava uma boa quantia em dinheiro todo mês, que empregava no hospital. Poucas vezes foi ao hospital, era muito caseira, ia somente muito à igreja. Era boa administradora. No começo, pedia opiniões, mas ela entendia muito mais que eu sobre café, gado, etc. Maria das Graças administrava as finanças da família. E eu ocupava todo o meu tempo com meus doentes. Rosa, boa e leal servidora, sempre me lembrava das datas importantes; assim, nunca esqueci do dia do nosso noivado, casamento, aniversário. Nessas ocasiões, comprava-lhe sempre um presente, e Rosa fazia um ramalhete com as flores do nosso jardim e levava para ela, deixando-a sempre contente.

— Maurício, que bonito! Que amável!

Dona Etelvina era uma chata, vivia a nos complicar a vida, reclamava muito e me advertia sempre:

"Maurício, Maria das Graças é jovem, necessita passear, distrair-se. Você está sempre naquele consultório, no hospital de enjeitados... Não para em casa, nem parece um marido!"

Não gostava que falassem mal do hospital, mas não respondia nada, aguentava os desaforos que minha sogra dizia, procurando tratá-la bem, para a harmonia do meu lar. Minha esposa desgostava-se com o fato e procurava defender-me:

— Mamãe, não gosto de sair. Maurício tem muito trabalho, por favor, não interfira em nossa vida.

Dona Etelvina ia muito ao hospital para certificar-se de minha presença, se de fato estava trabalhando. Dava palpites, implicava com meus empregados, isso me deixava nervoso, e queixava-me a Maria das Graças. Minha sogra foi culpada das pequenas desavenças no meu lar.

Leônidas, meu cunhado doente, em suas crises, gritava e atirava objetos na parede; somente a irmã conseguia acalmá-lo, dava-nos muito trabalho. Aos poucos fui ganhando sua amizade e ele permitiu que o tratasse. Às vezes, acordava aos gritos durante a noite, fazendo-nos correr até ele, que, após uns agrados, adormecia.

A fazenda que minha esposa herdara era grande, bem cuidada, tinha capatazes e administrador, tudo sob orientação de Maria das Graças, que ia sempre lá. Eu raramente ia, e quando o fazia era aos domingos à tarde, quando doentes me esperavam. Eu os consultava, não sobrando tempo para descansar ou passear por lá. Às vezes, minha esposa se queixava.

— Nem aqui tem sossego. Você não se cansa?

— Não sinto cansaço, acho mesmo que, se me tirassem meus clientes, meu trabalho, morreria por não fazer nada.

— Viúva, eu? Ao trabalho, Maurício! — ria alegre a me agradar.

Meus pais desencarnaram num espaço de seis meses. Sempre tive amizade com meus irmãos e sobrinhos e, mesmo com o desencarne de meus pais, reuníamo-nos sempre em datas importantes e festas.

Tivemos três filhos, Jonas, José Hermídio e Margarida. No terceiro parto, Maria das Graças teve uma infecção e não pôde mais ter filhos. Ficamos tristes, pois tínhamos planejado ter uma família numerosa.

Logo após o nascimento de minha filha, dona Etelvina teve um derrame que a deixou acamada por oito meses e desencarnou. Leônidas ficara adoentado e tinha muito ciúme das crianças, necessitando ser vigiado o tempo todo. Com a doença de minha sogra, levei-o para meu hospital, onde fez amizade com Miguel e ficou mais tranquilo, já não acordava gritando à noite. Logo após o desencarne de minha sogra, Leônidas ficou seriamente doente e desencarnou.

Sem minha sogra, meu lar ficou tranquilo. Maria das Graças não reclamava de nada, sempre bondosa e paciente comigo.

Miguel casou e construiu para ele uma casinha nos fundos do hospital, perto de seus pais adotivos, Rosa e Pedro. Tornou-se um ótimo enfermeiro, bondoso e prestativo. Fátima, sua esposa, uma negrinha liberta, nos ajudava no hospital, seus filhos cresceram ali, fortes e bonitos.

Quando Margarida tinha dois anos, Maria das Graças trouxe para nossa residência duas crianças muito bonitas, Antônio e Francisca. Olhei-as e amei-as, principalmente o garoto, com seus quatro anos, moreno, de olhos expressivos, parecia que o conhecia e lhe queria muito bem.

— Maurício — contou Maria das Graças —, ficaram órfãos. O pai, meu empregado, morreu num acidente, a mãe, Tereza, morreu ao ter um aborto.

— Um aborto! Por que não me chamaram ou trouxeram-na ao hospital?

— Não sei ao certo, acho que escondeu a gravidez, penso que não queria o bebê. Acharam-na agonizando e não deu tempo para acudir.

— Que fato triste!

— Também acho. Não sabendo o que fazer com os órfãos, trouxe-os para casa.

— Coitadinhos! Tão lindos! Tão pequenos!

— Que faremos, Maurício? Deixá-los na casa da fazenda com uma empregada? Ou aqui em casa?

— Meu anjo, queríamos ter muitos filhos, acho que Deus nos deu mais dois. Vamos criá-los com os nossos.

Assim, Antônio e Francisca ficaram em nossa casa, como filhos adotivos.

Trabalhava muito, ficava pouco em casa e quase não via meus filhos. Sempre achei certo o que minha esposa fazia e a ela coube educar as crianças. Às vezes, achava que ela os mimava. Se tocava no assunto, ela dizia que não e se aborrecia. Então, evitava falar ou dar palpites, ficava feliz vendo-os fortes e sadios. Jonas era o mais rebelde e briguento; José Hermídio era bondoso e amigo, meninote interessou-se pela fazenda. Margarida era teimosa e chorona; Francisca era meiga e boa; Antônio era o meu preferido, vivo, inteligente, gostava de ir ao hospital, brincar de médico, estava sempre sorrindo. Para evitar ciúme, procurava não demonstrar preferência.

Quando a abolição veio, trouxe muitas confusões, enchendo meu hospital de negros doentes, andavam os ex-escravos pela cidade formando confusões, roubando, não tendo onde ficar e o que fazer. Aos poucos, com o tempo, foram se ajeitando. Foi um período de muito perigo e trabalho, muitos crimes aconteceram. Cuidei de muitos negros doentes, mal nutridos, deformados por castigos que receberam durante muitos anos.

Meus filhos estudaram, Jonas e Antônio decidiram cursar medicina, orgulhei-me deles.

"Continuarão meu trabalho!"

Jonas, o mais velho, estava um ano mais adiantado que Antônio nos estudos. Como meu pai fizera comigo, levei-o para estudar em outra cidade, em São Paulo. Arrumei um local para que ficasse, numa pensão familiar, já prevendo a ida de Antônio, organizando para que ficassem juntos. No outro ano, após as férias, Antônio foi morar com Jonas. Antônio, estudioso, tirava excelentes notas, enquanto Jonas estudava para ser aprovado.

O tempo passou.

3

A FELICIDADE NO BEM

A cidade foi crescendo e a população começou a sentir necessidade de um bom e equipado hospital. Reuniram-se os fazendeiros, as pessoas mais importantes e de posses financeiras e decidiram construir um. Pela primeira vez, fiz política, organizei reuniões, nas quais explicava a necessidade de um bom hospital.

— Um hospital na cidade somente trará benefícios — repetia. — Novos médicos virão para cá, poderemos ter equipamentos modernos, quartos luxuosos, onde poderão os senhores e suas famílias se alojar, caso adoeçam gravemente. As enfermarias serão amplas, todos da região se beneficiarão com o novo hospital. Como beneméritos, seus nomes ficarão gravados numa grande placa na entrada, informando ao futuro e a todos que lá passarem os homens valiosos que construíram um local para sanar doenças.

Infelizmente, atingimos nossos objetivos exaltando a vaidade das pessoas. Tudo fiz para conseguir um hospital grande e equipado, realizando meu sonho. Com entusiasmo, construíram o hospital em tempo considerado rápido.

Nessa época, José Hermídio, que amava a fazenda, passou a tomar conta da nossa com muita capacidade, se casou e foi morar nela, aliviando o trabalho de minha esposa. As meninas, Margarida e Francisca, também casaram, na opinião de Maria das Graças, muito bem. Os netos começaram a enfeitar nossa casa.

Irmãs de caridade vieram trabalhar e direcionar o novo hospital, nossa moderna Santa Casa, grande e bonita para a época. A inauguração foi feita com uma grande festa. Tudo que podia ser utilizado do meu hospital foi para o novo. Após trinta anos, meu hospital foi fechado. Amava muito meu velho hospital, mas não me importei em fechá-lo, estava muito contente com o novo. Como previ, novos médicos vieram para a cidade.

Rosa e Pedro não quiseram sair do cantinho deles, velhos, decidi aposentá-los, ou seja, continuar pagando seus ordenados e deixar meus fiéis e dedicados ajudantes onde eles queriam. Miguel também ficou morando nos fundos do antigo hospital e passou a trabalhar como enfermeiro na Santa Casa.

Mas meu velho hospital ficou fechado somente por dois meses. Um dia, Rosa foi me procurar na Santa Casa.

— Doutor Maurício, uma senhora idosa e sofrida espera-o em casa. Traz o filho doente.

— Por que não a encaminhou para cá?

— É que... ele é louco!

Fui vê-lo, tinha trinta anos, alto, forte, estava amarrado, sujo, despenteado, causando má impressão, apiedei-me dele. O moço falava sem parar, repetindo frases, desorientado. Sua mãe chorava baixinho, olhando com amor o filho naquele estado.

— Doutor Maurício, ajude-me. Sou pobre, viúva, este filho é tudo o que tenho. É doente da cabeça, enfurece-se e ataca a todos. Somente o senhor pode me ajudar. Não o aceitaram na Santa Casa, disseram que não é doente para lá. Não sei o que faço. Como deixá-lo assim, todo amarrado...

— Deixe-o aqui, cuido dele.

— Irá sarar?

— Só Deus sabe, mas farei a minha parte.

Acomodamo-lo em um dos quartos. Com carinho o desamarramos, demos banho nele, já mais calmo, fizemos curativos em muitos dos seus machucados, demos-lhe comida. Ele não nos atacou, ficou quieto a nos olhar, depois voltou a conversar, acabou por dormir. Constatei o tanto que ele sofria e que necessitava de tratamento e cuidados.

Bastou este aparecer para outros enfermos mentais da redondeza e região virem também.

Novamente Maria das Graças veio ao meu auxílio. Reformamos a casa, colocamos grades nas janelas e a transformamos em sanatório — o Sanatório do doutor Maurício. Miguel voltou a me ajudar, Rosa e Pedro voltaram ao trabalho. Continuou tudo como antes, quem podia pagava, quem não podia era tratado do mesmo modo, todos com amor e carinho.

O tratamento era mais com amor, os recursos eram pouquíssimos para ajudá-los. Ainda hoje desconhecemos muito da mente humana, porque são vistos corpo e espírito separadamente. Se uma mente está desequilibrada é porque o espírito está enfermo. Atendia meus pobres pela manhã na Santa Casa e as tardes passava com meus enfermos mentais.

Jonas formou-se e começou a trabalhar na Santa Casa. Amargurado e triste, vi que meu filho ambicionava riqueza e importância. Tentava conversar com ele, acabávamos por discutir e sua mãe vinha em seu socorro, defendendo-o. Uma vez, no calor da discussão, disse-me asperamente:

— Papai, quero ser importante, médico de quem pode pagar. Os pobres já têm o senhor, para que mais um? Não quero viver à custa de uma esposa, como o senhor. Quero sustentar a minha família!

Doeu muito ouvir isso de um filho, reconhecia ser verdade. Evitei discutir com ele, não deixando, porém, de aproveitar as ocasiões propícias para chamá-lo ao bom senso, elucidá-lo para a caridade que se pode fazer dentro da medicina.

Antônio formou-se e vi nele a minha esperança. Ótimo obstetra, os partos difíceis acabavam em suas mãos. Era bom, caridoso, estudioso, sonhava em fazer pesquisas para o bem da humanidade. Passou a me ajudar, tanto com os pobres na Santa Casa como no meu sanatório. Conversávamos muito, já não ligava mais de mostrar a minha preferência, tornamo-nos grandes amigos, tínhamos as mesmas preferências e amávamos a medicina, trocávamos ideias sobre os casos mais difíceis e complicados, resolvendo-os em comum.

Somente estavam os dois solteiros e não combinavam, quase não conversavam. Queria que os dois fossem amigos, mas entendia que era difícil ser amigo de Jonas, que era cínico e arrogante. Antônio começou a namorar uma moça simples e pobre, desgostando minha esposa, que me chamou para interferir:

— Maurício, converse com Antônio, ele não pode me dar esse desgosto. Um médico casar com uma moça tão simples.

Meus filhos bem casados e ele teima em namorar uma moça pobre, não me conformo. Certamente a você ele escutará.

Não queria interferir, mas, não conseguindo negar um pedido de Maria das Graças, conversei com ele.

— Antônio, está realmente apaixonado? Vai casar?

— Pai, gosto dela, não sei se vou casar, ainda é cedo para resolver, acho que vou namorar mais tempo.

— Sua mãe não quer. Não dá para você escolher outra moça para namorar?

— Não.

— Por mim, tudo bem. Acho-o sensato para não escolher certo.

Dias depois, um escândalo que deixou minha esposa acamada. Jonas fugiu com a namorada do irmão.

— Deserdo-o se casar com ela! — clamava Maria das Graças, sentida.

Mas não casou, dois meses depois voltou e pediu perdão à mãe, prometeu agir com juízo e deixar a moça.

Dei-lhe conselhos, que ouviu, dessa vez, quieto. Certo seria que casasse com ela, porém Jonas afirmou que não a amava. Para não magoar mais Antônio preferi dar o assunto por encerrado. Antônio estava muito triste, trabalhando muito, adquirindo a confiança de seus pacientes, que aumentavam sempre.

Maria das Graças resolveu casar Jonas. Escolheu uma moça de sua amizade e apreciação com quem Jonas namorou e casou satisfeito. Minha esposa começou a apresentar moças a Antônio na esperança de casá-lo também, mas ele não se interessou por nenhuma. Um dia, Antônio me informou:

— Pai, saio de casa, vou morar com Inês, minha antiga namorada.

— Filho, você sabe realmente o que quer? Já sofreu uma decepção amarga com ela.

— É isso que quero!

— Então case, filho. Faça tudo direito.

— Inês é mãe de um garoto, filho de Jonas, que é parecido com o senhor. Sou padrinho dele, gosto do menino. Vamos morar juntos, se der certo, no futuro casaremos.

— Sua mãe sabe?

— Falarei com ela hoje, quero que o senhor me ajude.

Como temia, Maria das Graças fez um escândalo.

— Não e não! Não consinto! Deserdo você!

— Francisca e eu somos adotados, não iremos receber nada mesmo.

— Criei-o como filho, é estudado, um doutor, é de boa família!

— Por favor, mamãe, compreenda, não vou casar com ela, vamos morar juntos.

— Viverá em pecado. Você é um ingrato! É assim que nos paga? Nunca mais volte a esta casa.

— Maria das Graças! — gritei. — Isso não! Esta casa será sempre dele. Jonas também lhe deu desgosto.

— Mas Jonas é meu filho! Este não!

— É para mim! Eu o abençoo. Não permito que o expulse, aqui é seu lar e voltará quando quiser.

Abracei-o, ele pegou suas malas e saiu.

Não voltou mais para casa, nos víamos todos os dias no trabalho, teve filhos, ia sempre vê-los, visitá-los. Gostava das crianças, de Inês e de sua mãe, dona Efigênia. Às vezes, lembrava Antônio de casar.

— Não quero. Uma coisa aqui — mostrava o peito — me impede.

Achando que não deveria interferir na sua vida particular, evitava tocar no assunto. Maria das Graças e eu morávamos sozinhos. Nossa casa estava sempre alegre com a família. Ela era uma avó coruja, mimava muito os netos.

Alguns anos depois que Antônio saiu de casa, sua companheira foi embora, deixando-o com as crianças. Indaguei, preocupado:

— Antônio, sabe para onde ela foi? Com quem? Por que foi embora?

— Não sei de nada.

Achando-o magoado demais, entendendo que não gostava de falar sobre aquilo, não comentei mais. Mas, novo escândalo, a esposa de Jonas descobriu que ele se encontrava com Inês, a ex-companheira de Antônio, na sua casa de campo. Tudo fizeram para encobrir o acontecimento, não conseguiram. Envergonhei-me profundamente com o procedimento de Jonas, chamei-lhe a atenção e brigamos feio.

— Pai, o senhor não deveria ter brigado com ele — disse Antônio. — Inês foi culpada. Jonas é seu filho.

— Você também, mais que ele. Jonas deveria ter respeitado você. Que filho, meu Deus! Como pôde fazer isso? Você sabia e não quis me contar.

— Inês escreveu um bilhete antes de partir, falando que ia embora com Jonas. Não quis que sofresse. Acho que Jonas sente ciúme de mim.

— Pode ser. Mas ele nada faz para afinar comigo. Você sim!

O trabalho era muito e o tempo passou rápido, Antônio ficou morando com dona Efigênia e com os filhos, eu acabei por fazer as pazes com Jonas, não guardava rancor e não gostava de inimizades.

O município crescia, a cidade progredia, o meu sanatório, localizado no centro, enfeava a cidade. O prefeito resolveu construir um novo sanatório em lugar mais afastado e prometeu dar-me a direção. O local foi escolhido, o terreno, doado, começaram as obras. Sonhava com o novo sanatório, com suas acomodações modernas e amplas.

Ao iniciar a construção, comecei a sentir dores no peito, mediquei-me e passei a descansar mais.

Naquela noite, acordei três vezes com a dor me incomodando. Levantei mais tarde que de costume e fui ao sanatório para saber de um doente em estado mais grave, antes de ir ao hospital. Examinei o doente e entrei no escritório para fazer anotações na ficha, sentei na minha poltrona preferida e pus-me a recordar. Lembrei de Rosa, que repetia sempre:

— Doutor Maurício, o senhor escuta muito "Deus lhe pague". Deus lhe deve muito, aqui Ele tem conta enorme, que deixam para Ele pagar...

Ríamos.

— Rosa, amiga Rosa — dizia —, não devemos deixar nossos agradecimentos ou débitos ao Pai, não necessitamos deixar para Ele pagar, podemos retribuir o bem recebido a outros irmãos, sempre temos oportunidades de ser úteis. Essas pessoas são humildes e simples, ao dizerem "Deus lhe pague", pedem ao Pai bênçãos a nós. E Sua misericórdia não nos tem faltado, sempre conseguimos manter esta casa. Eu sou feliz! O bem que fazemos, a nós fazemos. Observe, Rosa, que cuidamos dos necessitados e temos saúde, harmonia e paz. O Pai deixa que Seus filhos ajudem uns aos outros. É a criatura ajudando a outra em Seu nome.

Rosa e Pedro haviam desencarnado há tempo, senti saudades deles. Uma dor forte no peito fez que eu tonteasse. Estava tendo um ataque de angina. Levei a mão ao peito e não consegui fazer mais nada. A dor foi suavizando e vi muitas pessoas se aproximarem de mim, um bem-estar invadiu-me. Comecei a distinguir as pessoas, eram Rosa, Pedro, antigos clientes, todos desencarnados, muitos irradiavam luz e beleza, com as mãos estendidas em minha direção, falaram em coro:

— *Deus lhe pague! Deus lhe pague!*[1]

Sorri encantado com tanto carinho. O círculo humano dava-me boas-vindas. Vi uma enorme vasilha com água, me vi tirar água dessa vasilha e distribuir e ela continuava cheia. Escutei:

— *Quem distribui tem em abundância!*

Tombei a cabeça e suavemente adormeci.

Acordei disposto, lembrei-me do ocorrido, sentei no leito limpíssimo e observei o local.

— *Devo estar em algum hospital, mas tenho a certeza de que morri. Engraçado!* — resmunguei alto.

— *Boa tarde, doutor Maurício!* — disse ao entrar no quarto uma simpática senhora.

Olhei-a bem, parecia que a conhecia. Seria dona Mariana?

— *Boa tarde* — respondi. — *A senhora não é dona Mariana, a esposa do senhor Artur?*

— *Sim. O senhor lembra de mim? Que surpresa agradável!*

— *Mas morreu em meus braços há anos!*

— *Certamente, o câncer me fez padecer muito e o doutor tão bondosamente me tratou. Como o senhor se sente?*

— *Morri ou sonho?*

---

1 N.A.E. – *Deus lhe pague!* Forma de expressar gratidão, significa ser grato e entender que no momento não se pode retribuir o benefício recebido. É rogativa ao Pai para que beneficie por nós o nosso benfeitor. É pedir a reação da boa ação. Essa frase, rogativa, com sinceridade, beneficia o benfeitor com fluidos benéficos. O "Deus lhe pague" que Maurício ouviu durante toda essa encarnação veio-lhe à mente no seu desencarne e amigos e beneficiados vieram dar-lhe boas-vindas, ajudando no seu desligamento e levando-o até a colônia, num lindo e comovente desencarne.

— *Seu corpo morreu, doutor Maurício, porém seu espírito vive.*

— *Então morri mesmo! Sinto-me tão bem!*

— *Alegro-me.*

Ao ficar a sós novamente, pensei nos últimos acontecimentos, na morte, na religião. Fui católico, ia à igreja raramente, tinha pouco tempo, nos horários das missas estava sempre nos hospitais cuidando dos doentes. Orava todos os dias ao acordar, voltava o pensamento ao Pai e a prece saía espontânea, de coração. Ao atender um enfermo grave, conversava com Jesus, pedindo ajuda. Ao deitar, à noite, estava tão cansado que somente rogava:

"Jesus, que meu trabalho seja a minha prece. Receba-a com minha pequenez. Orienta-me, ajuda-me para que possa sempre fazer realmente o que for melhor. Amém!"

Às vezes, a prece era tão rápida que Maria das Graças brincava comigo.

— Maurício, parece que só orou o Amém.

— Amém, querida, não quer dizer assim seja? Não é um ato de resignação? O Amém de coração, com o cumprimento da vontade do Pai? Para mim é uma longa prece.

Agora estava ali, sentindo-me bem, corpo morto, espírito vivo.

— *Que vai ser de mim?* — temi um pouco.

— *Doutor Maurício* — elucidou Mariana, que regressara sem que percebesse e sentara ao lado do meu leito. — *Preocupado? Bom filho é aquele que faz a vontade do Pai, não aquele que O bajula com preces, sem senti-las. A mais bela prece é amar a todos, e o senhor a fez, amenizando dores de irmãos. Acontecimentos agradáveis o esperam. Almejamos que se recupere logo e passe a nos ajudar aqui. Enfermos é que não faltam.*

— *Quê?! Aqui existem enfermos?*

— *Maldades, imprudência, egoísmo, todos os vícios e defeitos adoecem o espírito, que transmite ao corpo as doenças que conhece. Se encarnados cultivaram a maledicência, voltam ao Plano Espiritual adoentados, necessitando de socorro.*

— *Como estão meus familiares? Sentem a minha ausência?*

— *Quer vê-los?*

Com minha afirmação dona Mariana ligou uma tela que, desconhecendo a televisão, achei fenomenal, olhei encantado. Lá estavam meus familiares, filhos, netos, em volta de uma urna com meu corpo, a chorar comovidos. Maria das Graças sofria muito, amava-me realmente. Em segundos, apareceu o enterro, muitas pessoas, gente humilde com flores orando com sinceridade. Muito dos meus ex-pacientes olhavam esperançosos para Antônio, sentiram que seria ele a continuar meu trabalho. Meu filho adotivo acompanhava o enterro triste, enxugava as lágrimas que teimavam em rolar pelo seu rosto.

— *Isso foi há três dias* — explicou-me dona Mariana. — *Ficou adormecido para não ser incomodado pelas tristezas de parentes e amigos. Aos poucos, tudo volta ao normal.*

Novamente vi pela tela Antônio cuidando do meu sanatório, vi Maria das Graças triste, abatida, aguardando esperançosa seu desencarne, para nos reencontrarmos. A tela foi desligada, percebi que sua transmissão eram os pensamentos de dona Mariana.

— *Obrigado* — agradeci sorrindo —, *foi gentil de sua parte.*

No outro dia, comecei a receber visitas de amigos e parentes que me desejavam boas-vindas, trazendo-me agrados e alegrias.

Um mês após, estava a andar pelo hospital e redondezas, cansado de descansar, querendo saber de tudo e ver as belezas da colônia.

"Oh, Deus! Bendito o trabalho, o estudo, descansar eternamente seria enfadonho demais, almejo o trabalho."

Dona Mariana apresentou-me Lucas. Ao olhar o recém-chegado, pareceu-me conhecido e não esperou que indagasse.

— *Fui seu guia, protetor e amigo quando estava encarnado, ajudava-o na sua tarefa.*

— *Ah! Então era você o Jesus a me cochichar tantas vezes!*

— *Como vê, não era Jesus, e sim eu, em Seu nome. Sou um espírito como você, ansioso por ajudar, trabalhamos juntos e, se quiser, passaremos a trabalhar aqui.*

— *Claro que quero! Estou ansioso para ver como agem os médicos aqui no Plano Espiritual.*

Amigos, passei a trabalhar com Lucas, que me ensinou muito. Excursionei pelo mundo espiritual encantado com tudo. Pela primeira vez, senti que pertencia a uma colônia e que era digno de viver nela para continuar meu progresso, meu trabalho e estudo. Que felicidade, que sensação agradável é sentir que pertencemos por afinidade a um local maravilhoso, sentindo-nos moradores e não hóspedes. Conversava muito com Lucas, não posso deixar de lembrar um dos seus ensinamentos:

— *Maurício, aqueles que sempre falam a verdade desenvolvem o poder de materializar suas palavras. O que eles ordenam com todo o coração vem a se realizar para seu bem ou para o bem de outros.*

Logo, Lucas deixou-me:

— *Agora, Maurício, está apto a ajudar com sabedoria, sabe distinguir as coisas importantes das não importantes, o útil do inútil, sabe ajudar com conhecimento. Para fazer é necessário saber. Quem ajuda sem conhecimento pode às vezes prejudicar. Devo orientar outro amigo. Até logo.*

Não tive palavras para agradecer tão fiel companheiro. Lembrei-me do "Deus lhe pague", preferi fazer com amor o que ele me ensinou. Que melhor pagamento haverá que o de fazer aos outros o que nosso benemérito nos ensinou? Num abraço, nos despedimos.

Voltei ao meu sanatório e passei a ajudar doentes encarnados e desencarnados, ficando muito com Antônio, que amorosamente me aceitara.

Feliz, vi que não havia mais cansaço, passávamos as vinte e quatro horas ajudando a tantos que ali vinham em busca de alívio para seus males.

As obras do novo sanatório iam devagar, um político deu uma grande verba para terminá-lo com a condição de que o hospital tivesse o seu nome. Assim, não deram meu nome como fora combinado e nem a direção a Antônio. Um médico indicado pelo político veio da capital para dirigi-lo.

Minha família ficou indignada e não foi à inauguração. Maria das Graças quis impedir Antônio de trabalhar lá. Meu filho adotivo estava para atender o pedido da mãe. Cheguei perto dele, ao encontro de seu coração, fazendo-o arrepiar-se, e em sua mente pedi:

"Antônio, meu filho, o que importa é fazer de doentes pessoas sãs; de tristes, felizes. Que valerão honras? Ao partir deste mundo, que levamos? Vá, filho, vá curar doentes."

Fiquei feliz quando aceitou. Foi trabalhar no sanatório e o velho casarão foi demolido...

Honras não me couberam na Terra, mas fui bendito entre irmãos, lembrado com carinho, com preces sinceras que me emocionavam e me faziam sentir feliz. Por muito tempo, a lembrança de um atencioso médico era comentada e exemplificada na cidade onde morei.

O que interessa realmente a um espírito que passa na Terra um período encarnado é regressar à espiritualidade com suas boas obras.

Maria das Graças estava adoentada, sentindo que ia desencarnar, fiquei ao seu lado. Seu corpo morreu e ela ficou nele, não quis sair, largá-lo. Não sabendo que fazer, pedi ajuda. Amigos vieram me ajudar, foi desligada e a retiramos do corpo morto. Saiu como ébria, confusa e sofrida, não me viu, tinha em mente cenas ignoradas por mim.

Dois espíritos de ex-escravos cercaram-na, perseguindo-a com fúria. Ela os via, chorava desesperada, fugindo deles. Os três seguiram para a fazenda, palco de muitas infelicidades. Com tristeza vi a outra face de minha esposa. Ela fora exigente na sua administração, fizera os escravos trabalharem muito com pouca alimentação para que a fazenda desse mais lucros, e castigos eram frequentes.

Amargurado, seguia-os em preces. Um dia, os negros viram-me.

— *Doutor Maurício, vai embora, o negócio não é com o senhor.*

— *Por que tanto ódio?* — indaguei. — *Por que não perdoam como os outros? Que ela lhes fez?*

— *A mim, deixou morrer à míngua, num castigo de dias sem comer.*

— *A mim, mandou quebrar minha perna para não fugir mais, tive uma infecção por falta de cuidados, desencarnei.*

Não aguentei, na frente dos dois chorei alto. Como podia minha doce esposa doar para que muitos fossem beneficiados à custa de sofrimentos de outros? E eu não saber! Os dois se comoveram.

— *Doutor Maurício, por favor, temos conhecimento de como o senhor é bom, não deve chorar por essa megera.*

— *Ela é minha esposa, foi com seu dinheiro que sustentei o hospital, depois o sanatório.*

— *Não queremos ver o senhor sofrer assim. Não é justo! Pelo senhor perdoamos. Fica contente?*

Choramos abraçados. Falei a eles da necessidade de perdoar, os dois, emocionados, rogaram perdão a Deus e perdoaram, sendo recolhidos em uma casa de socorro.

Mas o espírito culpado é seu principal carrasco. Maria das Graças vagava pela fazenda com lembranças tristes, perturbada e confusa. Em sua mente uma cena se repetia...

O pai de Antônio era capataz da fazenda, casou-se com uma escrava, Tereza, uma bonita mulata. Maria das Graças prometeu dar-lhe sua alforria, porém, foi adiando. O administrador da fazenda, homem rude e grosseiro, interessou-se por ela e começou a importuná-la. Tereza reclamou à minha esposa, que ficou indiferente. Maria das Graças sabia que ele maltratava escravos, mas, como fazia a fazenda dar lucros, concordava com seus métodos. Quando eu ia à fazenda, eram os escravos vigiados e ameaçados para que não me dissessem nada, e, como eu nem desconfiava e não tinha interesse pela fazenda, não soube.

O capataz, pai de Antônio, teve de viajar, ausentando-se por um mês, indo entregar uma boiada. O administrador, aproveitando sua ausência, assediou mais Tereza. Esta o recusou com energia, foi castigada como uma escrava, com trabalhos rudes, sem comida e pouca água. Tereza estava grávida e teve um aborto, vindo a desencarnar. Ao chegar de viagem, o esposo, sabendo de tudo, foi encontrar o administrador. Este, temendo-o, atirou antes que dissesse algo. O pai de Antônio desencarnou na hora. Maria das Graças escondeu tudo, todos na fazenda foram proibidos de falar sobre o assunto. Despediu o administrador e deu o caso como acidente. Naquele tempo a palavra de pessoas importantes era lei, ninguém se interessava em desvendar crimes envolvendo escravos, que eram na maioria tratados como animais. Os donos matavam-nos, castigavam-nos sem que a justiça tomasse conhecimento.

Minha esposa, sem saber o que fazer com os órfãos, levou-os para casa e, sem que eu soubesse também, fez grandes diferenças entre eles.

Ver minha companheira naquele estado me doía, fechada em seu remorso, não me via, queria ajudá-la e não conseguia. Lembrei de Tereza, que bondosamente me visitara na colônia, agradecendo-me pelo que fizera a seus filhos. Tereza há muito tempo perdoara, espírito bom, trabalhador, veio ao meu auxílio assim que solicitei sua ajuda. Fez-se visível a Maria das Graças, que chorou alto ao vê-la.

— *Sinhá Maria das Graças, perdoe a si mesma, eu já a perdoei.*

A ex-senhora de escravos não conseguiu dizer nada. Tereza abriu os braços, ela refugiou-se em seu peito, chorando muito.

Levamo-la para a colônia, onde aos poucos foi se recuperando, sempre aos cuidados e dedicação de Tereza. Quando Maria das Graças ficou bem, fui vê-la. Ao me ver ao seu lado, escondeu o rosto com as mãos e chorou.

— *Perdão, Maurício, perdão. Sempre me chamou de anjo e era um demônio.*

— *Não, um demônio não sustenta hospitais. Para mim, você será sempre um anjo.*

— *Sabe o que fiz?*

— *Sei e fui culpado. Esqueci que era um chefe de família e que tinha obrigações com nossa casa, com você.*

— *Não tente me justificar. Você não me enganou, casou comigo deixando claro suas ideias, sabia de seus sonhos e trabalho. Eu que fui ambiciosa, viveríamos muito bem sem precisar explorar ninguém. Sustentei hospitais, mas foi para agradar você, alegro-me que meu gesto tenha servido para o bem de muitos. Confessava ao padre esses acontecimentos, ele dizia não ser pecado, que negros não tinham almas, grande foi minha desilusão. Todos nós somos irmãos e o remorso me dói muito. Rezava muito, mas não fiz a vontade do Pai, enquanto você, com seus Améns, o fez.*

Sofri com ela, aprendi que a omissão é erro, por mais que seja tarefa nobre não devemos esquecer os deveres sagrados com aqueles que nos cercam, a família.

Maria das Graças estudou, trabalhou na colônia, preparou-se para encarnar, e Tereza, a bondosa amiga, recebeu-a por filha. Embora pobre, tendo no trabalho humilde sua sobrevivência, é resignada, tem na fé espírita a luz do seu caminho.

Por anos segui ajudando Antônio, orientando seus filhos e netos, vi com tristeza Jonas desencarnar entre maldições e vagar por anos pelo Umbral, hoje está encarnado como deficiente físico.

Mas nem todas as minhas encarnações foram voltadas ao bem. Muitos erros e sofrimentos, até que, como Maurício, pude repará-los.

4

DESPERTANDO

Recordamos pouco a infância espiritual. O despertar é lento, vamos aos poucos aprendendo pelo livre-arbítrio a escolher os caminhos. A curiosidade, o interesse nos faz aprender muito, como também o egoísmo, o amor-próprio nos faz querer ter. E vamos acumulando com as encarnações toda sorte de conhecimentos bons e maus nos traçando a personalidade.

Em todas as épocas e lugares, grupos humanos se reúnem e uma moral os governa. Porém, latentes em nós estão os princípios do bem, embora as facilidades nos envolvam em erros, deixando-nos marcas.

Minhas primeiras encarnações foram tranquilas e simples, seguia aprendendo até que... ao ser defrontado com um obstáculo, reagi. Porque se nada nos aborrecer é fácil amar e obedecer, mas, se algo nos aborrecer, vier de encontro aos nossos interesses, temos a prova se de fato amamos e somos resignados ou aparentamos ser...

Tudo deixou de ser simples para mim numa encarnação que fui Astorie, jovem robusto de uma pequena e singela aldeia. A população dessa localidade vivia em paz e com amizade com todos os vizinhos, cultivávamos certas plantas, tínhamos rebanhos, completando nossa alimentação com a pesca e a caça. Nossa aldeia era governada por anciãos e tínhamos na religião toda nossa orientação e normas. Adorávamos muitos deuses, numa construção no centro da aldeia estava um templo, onde orávamos e ofertávamos sacrifícios. Era uma construção simples de pedra, mas orgulho para nós todos.

Havia muitas festas, que eram marcadas pelas estações do ano e luas. As oferendas eram alimentos em geral, frutos, peças de artesanato e, às vezes, animais. Porém, se a aldeia fosse atingida por alguma calamidade, como secas, enchentes, pestes, então eram feitos sacrifícios humanos para apaziguar os deuses infernais. Esse sacrifício consistia na morte de uma pessoa jovem, entre dez e vinte anos, sendo solteira. Não podia ser idosa. Contavam que durante uma enchente, ao ser ofertado um homem idoso, a enchente aumentou, e concluíram que os deuses não queriam idosos, mas, sim, jovens.

Mas as calamidades eram poucas pelos verdejantes vales e somente se havia visto, até então, apenas um sacrifício, que teve voluntário.

Estando com idade de casar, meu pai acertou meu casamento com os pais de Asca para dali a seis luas cheias. Conhecia Asca desde criança e fiquei muito contente, porque ela era meiga e muito bonita.

Foi quando as chuvas esperadas não vieram e a seca começou a castigar as lavouras e pastagens. Meu trabalho era levar as ovelhas para pastar. Gostava muito de meu encargo, estava sempre a correr pelas campinas a descobrir lugares e plantas. Com isso, conhecia bem toda a redondeza e me entristecia ao ver a falta de chuva deixando a paisagem triste, sem seu colorido habitual.

— Todos na praça! Todos na praça! Vai ser marcado o grande sacrifício pedindo chuvas aos deuses!

Um alvoroço se fez na aldeia, reunindo todos os seus habitantes na frente do templo. Um dos anciãos pediu que se apresentasse um voluntário. Dessa vez ninguém se apresentou, ia ser tirada a sorte.

Aquele costume era encarado por mim e por todos com naturalidade, ninguém ia contra ou achava cruel. Contava-se pela aldeia que, havia muito tempo, um pai, revoltado por ter seu filho único escolhido, tentou libertá-lo e, como castigo por desobedecer a preferência dos deuses, foi amarrado numa árvore ao lado de um grande formigueiro, tendo uma morte horrível.

Se um voluntário se apresentasse dentro do regulamento, os anciãos tinham-no como escolhido, senão faziam o sorteio. O sorteio começou. Os jovens tinham os olhos vendados e tiravam de um pote de barro um pauzinho, que eram todos iguais, sendo um marcado de branco. Fui o terceiro a tirar, meu coração disparou, não queria morrer, queria casar, ter filhos, gostava da vida e de Asca. Tinha, como todos os jovens, mil sonhos.

"Não sou eu!" — suspirei aliviado, sorri contente.

Logo chegou a vez de Asca, tive um pressentimento ruim e estremeci, fora ela a pegar o pauzinho marcado.

— Não pode ser! — repetia baixinho. — Não Asca, tão bela, minha noiva!

O sacrifício seria ao anoitecer, os preparativos começaram em seguida, tudo deveria estar em ordem, haveria danças, outros oferecimentos, após os anciãos levariam a vítima até o altar, onde seria morta com uma faca sagrada. Asca seguiu com as anciãs para ser preparada, foi triste, com a cabeça baixa. Todos retornaram aos seus afazeres e ninguém prestou atenção em mim, segui-os, estava revoltado com tudo e com os deuses que me roubavam a noiva.

Pensei rápido num meio de salvar Asca, havia tempo descobrira uma gruta entre as pedras na encosta da montanha, lugar de difícil acesso, não comentei com ninguém, fazendo do lugar algo somente meu.

"Vou levá-la para lá. Ninguém descobrirá, evito assim que ela morra tão jovem e tão bela" — decidi, sondando a cabana para onde a levaram.

Vendo que somente três mulheres estavam com ela, pedi humildemente:

— Poderia me despedir de minha noiva, não irei demorar, será somente por um instante.

Achando natural meu pedido, duas mulheres se afastaram, ficando uma na porta. Abraçamo-nos emocionados.

— Astorie, é a última vez que o vejo. Os deuses foram cruéis escolhendo-me.

— Venha comigo — pedi baixinho —, fujamos. Sei de um local seguro para nos escondermos.

Asca era fiel às crenças, mas a vontade de viver era mais forte, amava-me e também queria ser feliz, consentiu com a cabeça.

Fingindo sair, dei com força o meu cajado na cabeça da guarda, que caiu sem sequer gemer, saímos rápido. Com cautela, conseguimos sair da aldeia sem problemas. Tomamos o caminho da gruta, logo escureceu e não consegui achá-la. Cansados de andar, deitamos embaixo de uma grande árvore, planejando o futuro e trocando juras de amor.

— Asca, encontraremos a gruta logo que amanhecer e lá estaremos seguros.

Confiantes, adormecemos.

Acordei com os gritos de Asca, pulei rápido, levantando, e me vi cercado pelos homens de minha aldeia. O pai e o irmão de Asca seguravam-na, ela esperneava pedindo-me ajuda. Reagi lutando com meu cajado, a única arma que possuía. Meu cajado era um pedaço de pau roliço, medindo aproximadamente uns dois metros de comprimento. Lutei desesperado, meu esforço foi em vão, eram muitos contra mim e desencarnei pelas pauladas que recebi, meu corpo foi deixado ali, partiram com Asca, que foi sacrificada logo que anoiteceu.

Revoltado, por ali fiquei a vagar pelos lugares que outrora me eram tão queridos. Acreditávamos que ao morrer a alma ia ter no Vale dos Mortos. Como não tive cerimônia fúnebre, acreditei que não o acharia. E não o achei, não por não ter sido sepultado, mas sim pela minha revolta. Cansado, resolvi procurar o Vale, achei-o e fui socorrido.

Encontrei Asca e nos tornamos amigos. Ali fui aconselhado a esquecer a revolta e o rancor que tinha pelos sacrifícios humanos. Prometi. Voltaria na carne, habitando agora o país vizinho, onde não havia sacrifícios humanos.

— *Poderia ensiná-los a não cometer mais esses atos cruéis!* — exclamei.

— *Astorie* — um protetor tentou me orientar —, *você não está preparado para tal evento, outro o fará em tempo certo. Vá, encarne e procure viver no bem entre esse povo pacato, e esqueça sua antiga aldeia, crenças e costumes. Lembre-se de que violência não extermina violência. Procure meditar no que lhe foi ensinado. Poderá, pela paixão, despreparado para a tarefa, fazer mais mal que bem a esse povo simples.*

Abaixei a cabeça, procurei memorizar tudo que ali aprendera.

Reencarnei no país vizinho, região mais rica e com mais conhecimentos, fui o sexto filho do rei, um príncipe forte e robusto, tive o nome de Kark. Adorávamos muitos ídolos como deuses, fazíamos pequenas oferendas e o sacrifício humano era proibido e imoral.

Desde pequeno, o povoado do Vale, região vizinha, intrigava-me, gostava de escutar histórias que contavam sobre eles e me arrepiava quando eram mencionados os sacrifícios humanos. Ao chegar à idade adulta, desejei conhecer o País dos Sacrifícios, como eu chamava o povo vizinho, pedi ao meu pai que me deixasse visitá-lo. Recebida a permissão, parti com uma pequena escolta com presentes e agrados.

Receberam-me bem, com festas, percebi como eram simples e pacíficos, não tinham nem armas como as nossas. Tentei agradá-los ensinando-lhes a fazer objetos usados por nós, desconhecidos por eles. Falei dos nossos deuses e de como eram errados sacrifícios humanos. Agradeceram e deram-me muitos presentes, porém, deixaram claro que não mudariam de crença e que, para o bem de todos, cada um deveria cultuar sua crença.

Voltei aborrecido, não me entusiasmava com nada, e pensava muito no povo vizinho. Fui aconselhado por meu pai a esquecê-los, tentei. Orava muito aos meus deuses, nesses momentos era instruído a deixá-los em paz, mas logo era acometido por enorme vontade de acabar com os cruéis sacrifícios. Pensava muito nos sacrifícios humanos.

— Meu filho, o que tem? Está doente?

— Nada, nada...

Meu pai se preocupava comigo, procurava me agradar. Lutava muito bem e participava de torneios, meu pai se orgulhava de minhas vitórias. Numa das festas principais, fui o vencedor e meu pai mandou que escolhesse meu prêmio.

— Quero permissão para invadir o povo do Vale e acabar com seus cultos cruéis que ofendem nossos deuses.

Meu pai tentou mudar meu pedido, oferecendo-me prêmios interessantes.

— Deixe, Kark, os vizinhos em paz. Há anos vivemos sem guerras, são pessoas boas, comerciamos com eles. Que nos importa sua crença? Matam entre eles, são selvagens.

— Destruirei somente seus deuses e altares, matarei os anciãos, farei mudar a crença.

— Prometa não sacrificar jovens e crianças.

— Prometo.

Assim, comandando muitos soldados, marchei contra o inofensivo povo, não escutando as vozes dos bons orientadores desencarnados para deixá-los em paz, ali estava a guerrear com meu ex-povo, parentes e amigos. Não reagiram, de surpresa entrei em suas cidades, destruindo seus deuses e altares, muitos morreram tentando defender o que lhes era caro.

Achando que havia destruído o bastante, regressei ao meu país, não podendo evitar que meus soldados praticassem roubos e abusos. A façanha foi comentada pelo meu país e fui considerado herói. Não fiquei alegre, mas triste. Senti um vazio grande, passei a ter crises de choro, os gritos das vítimas ameaçavam meu sono, deixando-me nervoso. Ainda mais que tudo fora inútil, soube que minha invasão fora considerada castigo. E, para apaziguar seus deuses, várias pessoas foram sacrificadas e todas como voluntárias. Morriam pelos seus deuses e crença.

Resolvi deixar de pensar neles e passei o resto de minha existência entre prazeres e ociosidade. Numa briga, atacado de traição, desencarnei e fui perseguido por meus inimigos e pelos muitos que matei ou foram mortos sob minha ordem, pelos que se sentiram violados nas suas preciosas crenças.

— *Maldito! Mil vezes maldito!*

Que horror é escutar isso. Por anos fui perseguido, escondi-me num dos buracos no Vale da Morte, ou Umbral. Cansado, procurei recordar as orientações que tive antes de encarnar, lembrei dos bondosos irmãos que tentaram me instruir e desejei ardentemente estar com eles, fui socorrido.

Reconheci meu erro e, para me livrar da dor, disse que não queria mais saber de maldades. As oportunidades nos são dadas e tive várias encarnações para despertar em mim os melhores sentimentos.

Voltei num corpo feminino. Mas... ai de mim, as facilidades fizeram-me colocar o egoísmo em primeiro lugar. Sendo mãe, não consegui amar meus filhos mais do que meu egoísmo. Nem o sentimento maternal despertou-me para o bem. Gostava dos filhos, educava-os com meus erros e para servir-me. Voltava sempre me desculpando, sempre colocando a culpa das minhas falhas nas circunstâncias e em outras pessoas, como se pudéssemos nos livrar de nossos erros e responsabilidades. Temos o nosso livre-arbítrio, fazemos o que queremos, mas são nossas as ações que fazemos e a Espiritualidade não aceita desculpas, não adianta culpar os outros para nossa defesa.

— *É a pobreza* — lastimava. — *Por séculos tenho sido pobre, com fome, tendo falta do necessário, ter que lutar para sobreviver me fez egoísta. É o medo da miséria! Nada tive, como dar?*

— *Achas então, espírito, que nada tiveste para dar? E a caridade moral? Dar não é somente distribuir materialmente. Como queixa, voltarás então em riqueza. Terás para dar. Mas, lembro-te, se não dispuser dos bens materiais para ajudar a outros, voltarás em piores condições.*

— *Sinto-me preparado, saberei distribuir.*

Quantas vezes, desencarnados, prometemos e quando encarnados as facilidades, os vícios, nos fazem esquecer. A riqueza nas mãos do egoísta é como o veneno, maltrata muitos e corrói o perispírito.

Fiz com a riqueza material tudo o que meu espírito aspirava, frequentei a sociedade, festas, caçadas, casei com uma mulher nobre tão ambiciosa quanto eu, tive filhos que foram criados por babás. Tive muitas amantes, participei de intrigas e tive amizades por interesse. Fui exigente como patrão, meus servos foram maltratados desumanamente. Não me apiedei de ninguém, odiei os pobres, que para mim eram sujos e vagabundos. Os servos velhos foram enxotados de minha casa, como também os que tinham crianças.

Tive uma existência longa e nada fiz de útil, desencarnei com grandes sofrimentos e fui perseguido novamente pelos inimigos que fiz. Como é triste a existência de quem faz inimigos! Por anos tive-os na minha frente acusando-me:

— *Mau! Foi sua culpa meu filho ter desencarnado!*

— *Desencarnamos como mendigos ao sermos expulsos do seu castelo!*

— *Desencarnei de fome após servi-lo tantos anos, ingrato!*

Chorava de humilhação e dor, por anos vaguei pelo meu castelo acompanhado de minhas vítimas. Aos poucos as pessoas que prejudiquei foram me abandonando e fiquei só. Cansado, implorei perdão e fui socorrido.

— *Não quero mais riquezas. Ouro é tentação muito forte. Quis ser rico, fui, não usei os valores materiais para fazer o bem. Para me beneficiar, errei muito, sofri. Quero ser pobre!*

Novamente tentaram me instruir. Sempre recebemos lições, conselhos, assimilamos, aprendemos se realmente queremos. Como erros, causas materiais, finitas, não podem produzir efeitos infinitos, não há castigos eternos, recebi nova oportunidade. Reencarnei, voltando pobre, rejeitado e feio. Meu espírito estava tão saturado de maus sentimentos que necessitei de sofrimento para purificá-lo.

Comecei a trabalhar menino, na minha mocidade, fiquei leproso, tendo que mendigar para sobreviver. Desencarnei aos vinte e dois anos. Fui socorrido e a lepra me despertou a vontade de curar, ajudar os que sofrem, trabalhei anos no espaço para aprender a curar.

— *Como faltam pessoas que curam!* — *exclamava sempre.*

Desejando encarnar e trabalhar curando doenças, fui atendido e voltei numa família de posses para estudar.

Esforcei-me muito e jovem ainda estava formado. Nos primeiros anos depois de formado, dediquei-me com vontade à carreira escolhida.

Interessei-me por uma moça muito bonita, nobre, de boa família, no começo pensei ser correspondido, porém, ela se interessou por outro, um nobre conselheiro do rei com quem casou. Odiei meu rival e por muitas vezes trocamos insultos. Mas acabei casando com uma moça muito rica. Nessa época meus pais morreram e, de posse do patrimônio de minha família e do de minha esposa, outros interesses me envolveram, deixei a medicina em segundo plano.

Cuidava somente dos familiares e amigos, negando-me a atender desconhecidos e os pobres, que me eram detestáveis e sujos. Do mendigo que fui, nada ficou. Quando a lição não é aprendida é facilmente esquecida.

Acabamos sendo vizinhos, meu rival de amor e eu, passamos a nos tolerar sem maior amizade. Anos passaram e o gosto pelas facilidades, o gozo do dinheiro, anulou qualquer tentativa que os bons espíritos fizeram para chamar-me à responsabilidade.

Tive três filhas e um filho, que se enamorou de uma das filhas do vizinho rival. Eu não quis dar consentimento, eles então fugiram e voltaram casados. Acabei por aceitá-los e os meus vizinhos também. Passamos, cordial e socialmente, a nos ver. Ele, como eu, era médico e não exercia a medicina por achá-la muito rudimentar.

Desencarnei velho, voltei à vida espiritual em grandes sofrimentos, encontrei o sogro do meu filho, juntos padecemos, mas nos tornamos amigos, sendo ambos socorridos na mesma época. Lamentamos nossos erros, prometemos voltar ao corpo carnal e exercer de fato a medicina, dedicar carinho à arte de curar. Encarnamos na mesma família como irmãos, sendo filhos de um bondoso e leal médico.

Fui então Jayks e ele, meu irmão, Mark. Meninos, acompanhávamos nosso pai em seu trabalho honroso e dedicado. Para orgulho de nosso pai, estudamos medicina, mas nosso bondoso genitor desencarnou logo que nos formamos.

Esta é a minha mais triste recordação, somente pela bondade do Pai, que nos dá novas oportunidades, outras encarnações, pelas quais resgatamos pela dor as maldades e erros cometidos, é que consigo contar sem me abalar. Maldades deixam marcas profundas que somente cicatrizam com o tempo, com sofrimento, trabalho e amor. Em tudo que fazemos de bom ou de mau devemos pensar que estamos na presença do Pai e se o que vamos fazer não nos envergonharia.

Logo esqueci as promessas que fiz antes de reencarnar e dos exemplos do meu pai nessa encarnação. O espírito não regride, quando posto à prova demonstra se assimilou o aprendizado, se venceu a si mesmo, libertou-se de seus vícios. Impossibilitado de provar, não pode ter certeza de que realmente venceu. Egoísta, logo as ambições governaram-me. Almejando riquezas, queria atender somente clientes ricos que me remuneravam bem. Mas Mark, meu irmão, pensava como eu e começamos a brigar pela clientela rica. A cidade em que morávamos era de porte médio e não havia lugar para nós dois, e, como Mark era mais inteligente que eu, estava tomando a dianteira. Mudei para a cidade vizinha.

Casei com uma jovem rica, estabeleci-me naquela cidade, sendo respeitado, e logo dobrei minha fortuna. Meus clientes eram somente pessoas de posses que me pagavam bem, evitava atender pobres e quando o fazia nunca deixava de cobrar, sem me importar se tinham ou não dificuldades para pagar. Mark também prosperou, não havendo mais por que disputar, voltamos a ser amigos. Visitávamo-nos frequentemente, trocávamos ideias sobre nosso trabalho e Mark dizia-me sempre:

— O que falta na medicina, Jayks, são pesquisas. Se estudássemos mais, descobriríamos formas de cura espantosas. Pesquisas e estudos! Para fazer é necessário saber e para saber é preciso pesquisar, descobrir. Como seríamos famosos e riquíssimos se descobríssemos novas formas de curar, de evitar a morte, seríamos eternos...

Não contente com o que possuía, querendo sempre mais, a ideia tentava-me, depois meu sonho era ser famoso, mais que o rei, ter nome na história, ser respeitado e bajulado. Acabei convencido de que Mark estava certo, eu mais que ninguém sabia o tanto que ele era inteligente, necessitávamos pesquisar.

— Não podemos, Mark, fazer essas pesquisas em qualquer local, teria de ser longe de nossas casas e, como o segredo é a alma do negócio, devemos manter sigilo.

— É isso mesmo! Muitos são capazes de tentar impedir-nos com inveja. A riqueza e a fama atraem invejosos.

Mark logo encontrou um lugar ideal, era uma casa grande, velha, que após uns reparos nos serviu com perfeição. Ficava no campo, isolada, escondida num vale, não tendo vizinhos. Estava situada entre as duas cidades, facilitando nossas idas e vindas.

Mark contratou cinco servos de confiança, logo nosso laboratório estava pronto para nossos estudos e pesquisas. Começamos o trabalho, estudávamos corpos de mortos desenterrados do Campo Santo, por Jartir, o nosso fiel criado. Estudávamos órgãos, conferíamos nervos, ossos, etc., principalmente os que se referiam à visão e à audição.

— Não é tão difícil, não pode ser impossível. — Mark estava entusiasmado. — Nós dois faremos fortunas, espere para ver, quando nós dois fizermos mudos falarem e cegos enxergarem, seremos reconhecidos como gênios.

Dois anos se passaram.

— É necessário conhecer os órgãos e ver como funcionam em pessoas vivas, somente assim os entenderemos melhor. Precisamos fazer trocas, transplantes em seres vivos. Sei que isso é possível, acredite em mim, Jayks, é só descobrir, sinto que não é difícil.

Mark empolgava-se cada dia mais com nossos estudos e pesquisas, falava com tanta convicção que me deixei convencer. Passávamos dias naquela casa, trabalhávamos à noite e tudo fazíamos para permanecer incógnitos. Estava convencido de que descobriríamos pelo menos umas dez formas de curas e passamos a tentar em seres vivos.

Tivemos que adquirir cobaias e muitas artimanhas fizemos para obtê-las. Nossos criados, comandados por Jartir, aprisionavam mendigos, andarilhos, por vezes, famílias inteiras até com crianças. Muitas pessoas foram raptadas para usarmos em nossos estudos. O governador da cidade onde Mark residia era muito seu amigo e nos enviava os condenados e acobertava as possíveis denúncias de desaparecimentos.

Às vezes tinha dó das cobaias, mas justificava:

"É para o bem da ciência! Nada se faz sem sacrifício de alguém. São pobres coitados, deveriam se sentir honrados em morrer pela ciência. Quando obtivermos resultados, quando nos tornarmos famosos, poderemos sanar as dores de muitos ricos."

E as pesquisas continuavam, quebrávamos ossos para endireitá-los, operávamos olhos, ouvidos, trocávamos órgãos, abríamos o tórax para ver funcionar os órgãos. Mas o tempo passava e nossas pesquisas não davam certo, tentávamos de muitos modos, nada dava resultado.

Antes de operarmos as cobaias, era-lhes ministrado um anestésico forte e muitas morriam sem recuperar a consciência. Muitos ficaram tão mutilados que os envenenávamos por não servirem mais. Sem conseguir saber o porquê de nada dar certo, comecei a me aborrecer. Um dia, ao saber que já havíamos matado 65 pessoas, assustei-me e disse a Mark que desistia.

— É por frouxos como você que a ciência não progride. Não estamos longe, tentemos mais um pouco.

— Como não estamos longe, Mark? Nada temos de concreto. Se você quiser continue, para mim chega!

E chegou mesmo. Voltei para casa, não retornei mais ao laboratório, não tive mais vontade de clinicar, isolei-me de todos e fui me sentindo cada vez mais cansado e triste. Poucas vezes vi Mark e não conversamos mais. Obsedado por minhas vítimas, comecei a ter atitudes estranhas, a ter medo do escuro, de ficar sozinho, passei a ver vultos e a sentir arrepios de frio. Piorava a cada dia que passava, tendo crises, passei a agredir as pessoas, ameaçá-las de morte. Minha família achou melhor me prender no quarto. Quando melhorava das crises, chorava de agonia e lamentava.

— Preso neste quarto como um animal! Eu, que queria ser um homem importante, fazer curas milagrosas!

Meus familiares visitavam-me pouco porque, estando melhor, os enchia com meus lamentos, se em crise, agredia-os tentando matá-los. Assim fiquei três anos, desencarnei fraco e muito triste. Não abandonei o corpo, fiquei com medo de me desligar dele, fazendo da carcaça morta meu escudo, com medo das vítimas que me rodeavam, querendo vingança. Senti-me apodrecer, os vermes a me devorar. Saí enlouquecido do corpo, sendo perseguido pelos que haviam sido minhas cobaias. Por aqueles que não quiseram me perdoar.

Muitos me perdoaram, principalmente as crianças, que seguiram felizes o caminho do bem. Não perdoar é unir-se ao agressor, sofrendo junto. Quem não perdoa não descansa, não para de sofrer, e tem um pensamento: castigar o agressor, fazendo-o sofrer. Como se não houvesse a reação de suas ações. Não perdoando, esquece o bem que poderia fazer a si mesmo, para no caminho, não progride. Quem não perdoa não pode ser socorrido pelos bons e nem ficar em bons lugares.

Fui jogado num buraco e lá fiquei por anos, atormentado, sofrendo muito. Encontrei Mark e logo se reuniram a nós os cinco servos. Odiávamo-nos, cada um desculpava a si próprio e culpava o outro. Eu achava que a culpa de estar sofrendo daquele modo era de Mark, que me convencera a fazer o que fiz. É sempre mais fácil culpar a outros dos nossos erros que reconhecer os grandes errados que somos. Tornamo-nos inimigos ferozes, nos insultando e nos agredindo constantemente.

Sofremos anos, o que nos pareceu séculos. Uma falange de espíritos maus, ociosos, nos libertou e passamos a segui-los, fazendo arruaças e pequenas maldades. Como Mark e eu estávamos sempre brigando, fomos separados em grupos diferentes.

Duzentos e dez anos depois que desencarnara, comecei a enjoar daquela vida sem objetivo, não queria fazer mal a ninguém. Cansado, senti necessidade de mudar. Quem faz maldades vai se tornando vazio, triste, e o remorso começa a fazer ninho. Percebi o quanto tinha sido injusto com as pessoas que me serviram de cobaias.

— *Meu Deus, eram pessoas como eu. Como pude fazer tudo aquilo?*

Fui me isolando do bando, me sentindo muito amargurado. Um dia passou perto de mim um socorrista com ar tranquilo e bondoso. Segui-o, sem ter coragem de dirigir-lhe a palavra. Ele percebeu e se aproximou de mim.

— *Que quer, amigo? Necessita de algo?*

Sua voz era como melodia, e eu não consegui falar, chorei alto, ele me abraçou. Fui levado a um posto de socorro, me senti bem, sem dores após tantos anos em sofrimento, me senti reconfortado. Encontrei Mark, que também fora socorrido, tínhamos pagado caro pelos nossos sonhos ambiciosos, havia odiado ele, mas ali entendi que não me obrigara, fiz porque quis, não podia continuar pondo a culpa nele, reconheci meus erros. Estávamos em iguais condições de necessitados, não conversávamos, evitávamo-nos. Tanto orgulho tivemos que nos julgávamos melhores que os outros. Senti muito remorso, parecia uma chaga a me queimar, quis sofrer na carne, quis reencarnar para esquecer meus erros, pedi a bênção da encarnação.

5

SOFRIMENTO

A culpa transformada em remorso me consumia. Não deveria ter agido levianamente fazendo experiências sem conhecimento, não deveria ter agido assim com seres humanos.

— *Por favor, quero esquecer* — pedi à direção da casa socorrista onde estava.

— *Somente a bênção de um novo corpo dará a você o esquecimento que almeja* — esclareceu-me o orientador.

— *Por piedade, quero esquecer, quero encarnar e sofrer. Nada é pior que a dor do remorso, qualquer dor é preferível. Anseio por me ver livre dessas lembranças, não quero recordar mais os males que fiz.*

— *Irmão, terá essa bênção, a todos Deus dá essa oportunidade. Encarnado, você esquecerá, porém, sofrerá. Cada um sofre do modo de que necessita e não necessariamente pelos mesmos erros. Você anseia por resgatar suas culpas, está pronto?*

— Para esquecer a tudo me submeterei.

— Você quer esquecer, muitos como você preferem sofrer encarnados. Porém, no corpo, indagam o porquê do esquecimento e muitos, não tendo conhecimento da Lei da Reencarnação, por não recordar de suas outras existências, se revoltam.

— Instrutor — indaguei —, não é pela bondade de Deus que esquecemos? Como poderei viver encarnado recordando tudo que fiz?

— A Obra Divina é perfeita. O esquecimento de outras existências é para que progridamos, você enlouqueceria seu cérebro físico ao recordar seus erros, essas lembranças somente não o incomodarão após ter-se equilibrado com as Leis Divinas. Tantos encarnados não conseguiriam amar familiares, antigos inimigos, outros não aceitariam a existência simples, recordando riquezas e poder do passado. Você pede o esquecimento como fim dos seus sofrimentos, mas encarnado sofrerá de outras formas, sentirá como intuição que esse sofrimento não lhe é injusto, todos sentem, mas nem todos aceitam e muitos se revoltam. Cada encarnação é uma oportunidade de recomeçarmos. Esquecerá, encarnará e recomeçará.

Encarnei pobre, filho de servos de um castelão, desde pequeno fui obrigado a trabalhar pelo meu sustento e por qualquer motivo era castigado. Trabalhava muito, não me revoltava, mas era fraco e adoentado. Conhecia Maria desde pequena, era filha de servos como eu, na adolescência namoramos e casamos, e tivemos dois filhos. Quando apresentei os primeiros sinais de lepra, tremi de medo na frente dos castelões que decidiriam meu destino.

— Um servo leproso, que perigo! Que horror! Fora da minha propriedade! Deveria matá-lo!

— Deixe-o, não suje as mãos, meu esposo, entregue-o às autoridades.

— Chamarei os soldados, irá embora.

Despedi-me dos meus familiares de longe, deixando minha jovem esposa a chorar com os dois filhos no colo. Parti chorando para nunca mais, encarnado, vê-los. Um soldado me levou ao Vale dos Leprosos, viajamos dois dias, seguia-o como autômato. Ao chegar perto, o soldado ordenou:

— Agora vá sozinho, deve seguir este caminho. Adeus!

Não respondi, não tinha vontade de falar. Olhei o local, era bonito, rodeado de montanhas, logo cheguei ao Vale dos Leprosos. Acolheram-me com frieza.

— Mais um! Outro! — exclamaram.

Era mais um para acomodar pelas grutas e cabanas. Fiquei numa cabana pobre, tendo somente uma cama, um tablado de madeira com um colchão de palha. Poucos ali trabalhavam, a doença, o isolamento não davam ânimo. Os mais fortes trabalhavam cuidando de um pequeno rebanho de cabras que forneciam o leite, que era repartido por todos, e plantavam algumas verduras e cereais. Os que se sentiam melhor cuidavam dos mais adoentados. Ao lado das cabanas estava o cemitério, lugar que todos sabiam ser seu futuro.

Todos os dias, dois a três doentes iam até a estrada e lá ficavam a esmolar de longe. À tarde, traziam o que tinham recebido, mas sempre eram escassas as ajudas. O fato é que ali passávamos fome e frio, vendo os companheiros apodrecerem, suas carnes a cair e a morrerem; e vendo a doença ir marcando nosso próprio corpo em grande sofrimento.

Muitos se revoltavam, outros mais resignados acalmavam os exaltados, havendo muitas brigas e trocas de insultos. A saudade dos meus familiares castigava-me muito, passava horas a pensar neles, imaginando como estariam. Nunca mais soube deles e nem eles de mim. Um leproso morria para o mundo ao entrar no Vale.

Conheci, logo após minha chegada, jovem como eu, Lázaro, que era muito bom, paciente, cuidava com carinho dos que se encontravam em estado grave. Tornamo-nos amigos, com ele aprendi muito, passei a ajudá-lo a cuidar dos mais enfermos.

Lázaro era cristão, quase todos os dias reunia-nos e contava com sua voz harmoniosa as parábolas dos Evangelhos. Tinha muita fé e era muito resignado. Havia sido pastor de cabras em sua pequena aldeia, amava muito seus pais, de quem sentia muita saudade. No Vale, continuou a cuidar do rebanho, que era também meu trabalho, e ajudava também na limpeza das cabanas. Preferíamos, nós dois, trabalhar a ir esmolar. Nunca saí do Vale. Lázaro nunca reclamava de sua doença, nunca se queixava das dores. Gostava de escutá-lo, de conversar com ele, absorvendo tudo que ele me ensinava.

— José — assim ele me chamava —, sofrimento é limpeza para nossa alma. Quem muito sofre muito pecou. Podendo ser também o sofrimento a dor que nos leva a progredir, a ir ao encontro dos ensinos de Jesus e vivê-los. O sofrimento, as dificuldades são as resistências que encontramos e nos fazem despertar para o bem. Sou grato a minha doença, Deus é bondade, um dia entenderemos o motivo de estarmos leprosos. Penso, José, que nunca amei tanto a Deus como agora, nunca tentei tanto exemplificar em Jesus como nesses anos que passei aqui no Vale.

Ali, muitos revoltados blasfemavam, e quando ouvíamos tais coisas Lázaro pedia:

— Oremos, José, ele não sabe o que diz. Este é bem mais infeliz, por não saber sofrer como Jesus nos ensinou. Sofrimento com revolta não purifica a alma.

Gostava dele como irmão e a doença foi nos marcando. Vi cair meus dedos, orelhas, deformar o nariz, feridas pelo corpo. Foi bem triste. Sentia ódio, raiva de alguém que não sabia quem era, esse alguém era culpado, sentia que tinha um culpado por sofrer daquele modo.

Oito anos passei no Vale. Por ironia, um lugar tão lindo e tão triste, que me serviu de moradia. Minha doença chegara ao estágio final, não conseguia sair do leito e Lázaro cuidava de mim com carinho.

— Lázaro, logo você estará como eu. Quem cuidará de você?

— Confiemos. Se merecer ter alguém ao meu lado, terei. Por que nos preocuparmos com o futuro? O sofrimento do presente me basta.

Desencarnei aos trinta anos. Naquela manhã, sentia-me melhor; logo após, senti frio, rígido, diferente e sem dores. Meu corpo morreu e não tinha sido desligado.

— José, está liberto, meu amigo!

Era a voz de Lázaro, que, comovido, orava por mim. Como a prece sincera é bálsamo! Como é importante ter alguém a orar com fé e sinceridade para um recém-desencarnado. Sentia-me leve, o frio passou, flutuei pela humilde cabana, não entendia o que ocorria, deitei ao lado do meu corpo, que ia ser removido e enterrado. Encantei-me com o alívio que senti e adormeci.

Acordei bem-disposto num posto de socorro, onde soube que desencarnara. Dias depois, pude abraçar Lázaro, que voltara feliz.

— José, não fiquei no leito, fui liberto antes do estágio final. Tive um infarto.

— *Como você está bonito!* — exclamei, vendo-o luminoso.

— *Amigo, voltei feliz. Sinto-me quite comigo mesmo, após ter passado pelos sofrimentos que conhece. Resgatei os meus erros pela dor, pelo amor e também pela ajuda que prestei.*

— *Sofremos colhendo o que plantamos?*

— *Sim. Não é justo ao que se suja ter que se limpar? E você, resgatou seus erros?*

Pensando nisso, quis saber o porquê dos meus sofrimentos e me foi permitido recordar pedaços do meu passado. Chorei bastante, não tinha resgatado tudo, sentia-me em falta, quis voltar à carne e continuar minha colheita, não queria ter a dor do remorso.

— *Quero resgatar, tenho que sofrer. Quero voltar à carne...* — pedi, chorando.

— *Amigo* — um benfeitor me instruiu —, *sofrimento é um resgate, um pagamento egoísta, que fará bem somente a você. Poderá voltar e fazer o bem a outros.*

— *Não. Isso é para quem se sente forte. Necessito sofrer para achar o caminho. Poderei errar mais e tenho medo de errar. Necessito pagar minha dívida, ninguém me cobra, somente eu mesmo. Quero ter sossego!*

— *A escolha é sua, respeitamos seu livre-arbítrio. Que se faça como deseja.*

Encarnei numa pequena aldeia, filho de mãe solteira. Éramos muito pobres, morávamos numa casa pequena perto de uma estrada, tendo poucos vizinhos, tão pobres quanto nós. Minha mãe percebeu que eu era cego quando era bebê. Com dificuldade, levou-me a um médico na cidade vizinha que cobrou todas as suas economias, e dele ouviu:

— Não há jeito, seu filho é cego e a medicina não poderá fazer nada por ele.

Ser cego de nascença é bem estranho. Consegue-se perceber os objetos e entendê-los com as mãos, distinguindo os sons. Acaba-se vivendo, fazendo para si um mundo à parte, um mundo escuro. Minha mãe era muito trabalhadeira, era com seu trabalho honesto que vivíamos.

— João, meu filho, mamãe vai entregar roupa na cidade, fica quieto aqui.

Quase não saía, para mim todos os lugares eram iguais, não gostava muito de estar com outras pessoas. Os meninos da vizinhança zombavam de mim e não me deixavam brincar, e dos adultos escutava muitos comentários.

— É o João, o ceguinho! Coitado!

Sentia-me como um animal raro ao ser observado. Em nossa pequena casa nada me faltava, ali andava sozinho e sabia onde estava tudo. Lá fora, não. O mundo me era desconhecido e eu o temia. Mamãe mimava-me, poupando-me de tudo que lhe era possível. A comida era servida na mesa. Não me deixava fazer nada que pudesse ser perigoso.

— Não chegue perto do fogão, João, você pode se queimar.

Gostava de varrer e o fazia sempre, em nossa casa e a sua volta, também conseguia pegar água no poço e trazer para casa. Mamãe buscava lenha no mato para fazer nossa comida, às vezes acompanhava-a, ela não gostava, e nem eu. Arranhava as pernas e acabava atrasando-a porque, além de carregar os gravetos, ainda tinha de me guiar pelo difícil caminho. Mamãe nunca reclamava, era boa e todos gostavam dela.

— Mãe, os outros meninos têm pai e mãe, por que eu somente tenho a senhora? — perguntei-lhe um dia.

— Somos somente nós dois, um pelo outro. Não temos mais família, fiquei órfã pequena e sozinha. Você tem pai como os outros meninos, mas não sei dele. Um dia, ele passou pela aldeia, enamorei-me, era bonito, mas foi embora e nem ficou sabendo de você.

Completara dezesseis anos, um dia, ao acordar, tentei escutar o que minha mãe fazia como todos os dias. Estava tudo tão quieto que estranhei e gritei por ela. Ninguém me respondeu, senti um aperto no coração, um estranho pressentimento, levantei e fui até o seu leito.

Mamãe estava deitada, fria e quieta. Passei a mão pelo seu rosto, seus lábios estavam fechados. Corri e chamei a vizinha.

— João, sua mãe está morta!

— Morta? Que é estar morta?

— É como o gatinho do Jairo, fica assim sem se mexer, não fala mais. Morreu!

— Vão enterrá-la como o gato?

— Sim, João, é necessário, com todos é assim.

Como sofri! Para os que não entendem o que seja a morte física, para os que não encaram a desencarnação como uma mudança de plano, sente-se, ao perder o ente querido, como se lhe tirassem um pedaço. Para mim minha mãe era tudo, meus olhos, meu sustento, minha proteção. Amava-a muito, mas egoisticamente pensava agoniado:

"Que será de mim? Como viverei?"

Fui consolado pelos vizinhos que ficaram comigo no velório e acompanharam o enterro, escutei muitos comentários:

— Que será dele? Somos pobres para acolhê-lo.

— Terá que esmolar para comer. Como mãe faz falta!

Pedir esmolas não queria, achava preferível morrer de fome. Após o enterro, fiquei sozinho em casa, senti o peso enorme da solidão. Naquela noite, uma vizinha me trouxe um prato de sopa, deixando claro que seria somente aquele dia. No outro dia, comi o que tinha em casa, meu corpo sadio e adolescente sentia fome.

— Agora terei de cozinhar, fazer minha própria comida. Ainda tenho feijão.

Tentei acender o fogão, notei que não tinha lenha. Enchendo-me de coragem, resolvi ir buscá-la no campo. Com muita dificuldade fui andando, apalpando, consegui pegar alguns paus. Achando que era suficiente, os que apanhara, resolvi voltar. Andei um bom pedaço.

"Já deveria ter chegado, não estou escutando vozes!"

Escorreguei e rolei por uma encosta, consegui me segurar numa árvore pequena. Ali fiquei quieto, sem me mexer, não me atrevendo a subir, com medo de cair mais.

— Meu Deus! — roguei. — Onde estou? Será que este buraco é fundo?

Pus-me a gritar desesperadamente, clamando por socorro até que ouvi:

— Calma! Calma! Vou salvar você. Fique quieto, converse calmamente e não grite mais. Não tenha medo. Como se chama?

Fiquei mais calmo, fui respondendo às indagações quando percebi que um homem forte chegara perto de mim.

— Machucou-se?

— Não, me arranhei um pouco, nem dói.

— Como caiu, filho? — perguntou meu salvador, passando a mão na minha cabeça. — Quantos anos você tem?

— Dezesseis, sou cego, senhor.

— Ah! Bem... Vamos subir, seja como Deus quiser.

Amarrou-me pela cintura com uma corda e mandou que a segurasse.

— Subiremos devagar, não há perigo.

Segurei com força a corda e fomos subindo até o alto.

— Agora está seguro, João. Mas como você veio parar aqui?

— Vim pegar lenha. Não tenho costume de fazer isso nem de andar sozinho. Minha mãe, meu guia, morreu há três dias, deixando-me sozinho. Moro perto da cidade, acho que terei que me virar e aprender a viver sozinho. Mas não sei como. Vai ser difícil. Minha vizinhança é tão pobre quanto eu e não quero esmolar. Tinha em casa um pouco de feijão e resolvi cozinhá-lo. Não tendo lenha para acender o fogão, achei que poderia pegá-la na redondeza e vim. Acabei caindo.

Comecei a chorar.

— Não chore, nada de grave lhe aconteceu, errou a direção e distanciou-se da cidade. Moro perto daqui, não quer ir à minha casa? É só subir mais um pouco. Moro lá na montanha, vivo sozinho. Chamo-me Daniel. Vamos ser amigos?

— Obrigado, Daniel. Aceito seu convite, lá em casa ninguém me espera...

Daniel puxou-me pela corda, guiando-me, percebi que subimos.

— Pronto, chegamos. Vou lhe dar água fresquinha.

Senti pelo cheiro, pelo frescor, que o lugar era lindo, tudo calmo. Daniel me serviu pão, queijo e frutas, que comi com grande apetite.

— Venha, deite-se e descanse. Vamos curar seus ferimentos. Passe você, com este pano, um remédio de ervas nos seus ferimentos.

Colocou um pano umedecido em minhas mãos e fui passando-o onde doía. Senti-me aliviado, agradeci e fiquei deitado ouvindo os pássaros que cantavam alegres na tarde que morria. Cansado, adormeci.

No outro dia, acordei e escutei barulho pela casa.

— João, você já acordou? Venha se alimentar.

Daniel veio até mim, segurou minha mão e guiou-me até a mesa, ajudando-me a sentar, colocou em minha frente meu desjejum. Tomei o chá achando-o delicioso, levantei a xícara para ser novamente servido. Mas Daniel não notou.

— Sirva-me mais chá, por favor.

Daniel esbarrou na xícara, derrubando-a. Escutei-o apalpar para catá-la.

— Que tem? Está estranho! Não viu a xícara? Por que faz como eu?

— Porque sou como você, cego. Sou cego!

— Cego?! Como faz tudo sozinho?

— Basta aprender e ter vontade. Você não quer aprender?

— Quero! Gostaria muito.

— Por que não passa um tempo aqui comigo? Vou ensiná-lo. Será como eu.

Agradeci, talvez depois de aprender pudesse fazer alguma coisa para ganhar dinheiro sem precisar esmolar.

Após almoçarmos, descemos a montanha, amarrados com a corda, seguia Daniel, fomos a minha casa. Apanhamos objetos que nos poderiam ser úteis e deixei o resto para pagar o aluguel atrasado. Ao entregar a chave da casa ao dono, senti muita tristeza, naquela casinha havia sido feliz com minha mãe, tentei ficar esperançoso, poderia ser como Daniel. Retornamos à montanha.

Com muita paciência, Daniel foi me ensinando a me guiar pelo vento, a ouvir os sons e distingui-los, a cuidar dos animais, da horta, a ir à cidade. Passei a amar a montanha, onde andava sozinho, sendo autossuficiente. O tempo foi passando e fui ficando, tinha medo de ir embora, de enfrentar o desconhecido, de ter de esmolar. Queria trabalho, não esmolas, mas poucas pessoas entendem isso.

Daniel era como pai para mim, sempre muito respeitoso, nossa amizade, nosso convívio foi puro, dentro da boa moral e respeito. Era inteligente e paciente, ajudando-me sempre. Um dia contou-me sua história.

Foi raptado, passou a morar com um casal, que veio à montanha para se esconder. Eles acabaram indo embora e deixaram-no ali. Chorei com dó dele. Era agradecido a Daniel, tinha somente ele por amigo, mas não conseguia gostar dele. Às vezes, revoltado, descontava nele minhas mágoas, ofendendo-o. Não conseguia me entender, mas achava que ele era o culpado por sofrer daquele modo. Passando a raiva, sentia-me envergonhado. Pensava: "Como ele seria culpado se é cego como eu? Sofreu muito e ainda sofre e está me ajudando tanto". Mas, intimamente, achava: "Ele é culpado! É culpado!"

Apesar de meu azedume e ofensas, nunca me mandou embora, quando revidava, brigávamos.

Minha mãe ensinou-me a orar, contava-me sempre a história de Jesus, repetia a Daniel e ensinei-o a orar. Nunca conseguia fazer o que Daniel fazia, por mais que me esforçasse não conseguia me igualar a ele, Daniel nem parecia cego. Ele era mais velho que eu e mais forte, sempre estava me amparando.

Estava com quarenta e dois anos, comecei a me sentir fraco, a tossir e ter febre, contraí tuberculose. Daniel cuidou de mim com paciência, então comecei a respeitá-lo, procurando não ofendê-lo e lutando com meus pensamentos de achá-lo culpado. Tossia cada vez mais e tinha muitas dores, passava o tempo todo deitado, pensava muito, orava com fé, perguntava sempre a Daniel:

— Daniel, por que será que nascemos cegos? Por que nossas dificuldades são tantas?

— Acho que para tudo há explicações. Eu não sei, mas deve ter quem saiba. Acredito em Deus e deve haver motivos para sermos assim.

— Eu sempre ouvi dizer que Deus faz tudo perfeito. Será que errou em nós?

— Tenho pensado, acho que não foi Deus que nos criou assim, fomos nós que por algum motivo merecemos a cegueira. Há tantos mistérios...

Sofri muito, meu corpo foi morrendo aos poucos. Às vezes, a febre era tão alta que delirava vendo acontecimentos que não entendia, lugares estranhos, ora me sentia rodeado por seres que não conseguia distinguir, ora via minha mãe ao meu lado.

— Estranho, Daniel — comentei —, quando me sinto pior, às vezes enxergo. Nunca vi minha mãe, durante as crises, tenho-a visto. Será que sonho?

— João, sonho muito, nos meus sonhos vejo a montanha, nossa horta, tudo. Acho que o corpo é cego, mas a alma ou o espírito não é. Penso que ao dormir a alma sai a passear e vê o que o corpo defeituoso não vê.

— Como seria bom ver! Gostaria tanto! Acha que, quando morrer, enxergarei?

— Acredito!

Daniel estava certo, desencarnei nos braços dele, passei por uma dormência e acordei nos braços de minha mãe, enxergando. Que maravilha! Às vezes, necessitamos ser privados de um corpo perfeito para dar valor à Criação Divina. O passado é laço forte, nossas ações estão em nós, não se pode fugir, logo quis saber do porquê de ter sido cego, recordei parte do meu passado.

— *Mamãe* — comentei —, *Daniel e Mark são o mesmo espírito, fui injusto com ele.*

— *Muitas vezes sofrem juntos os que erraram juntos.*

— *Quero voltar à Terra, mamãe, quero encarnar. Como Jesus nos ensinou, é lá o lugar de choros e ranger de dentes. Não mereço desfrutar desta paz.*

— *João, não acha que sofreu o bastante?*

— *Não levarei imperfeições para meu corpo. Terei o corpo perfeito, quero aprender a ser útil para estar bem comigo mesmo.*

— *João, uma doença é um freio aos nossos impulsos ruins. Sente-se preparado para voltar sem esse freio?*

— *Quero encarnar!*

Atendido meu pedido, deixei recado a Daniel para que viesse ter comigo, ser meu filho para caminharmos juntos. Encarnei.

No sul da França, lindíssimo lugar, uma cidade pacata foi meu lar, dessa vez em que me chamei Michel. Meus pais eram pobres e a família bem numerosa. Menino ainda, tive que trabalhar para ajudar em casa, empreguei-me num pequeno armazém. Era inteligente, prestativo e trabalhador. Na mocidade já conseguira ajuntar um pouco de dinheiro e passei a ser sócio do negócio e, com vinte e três anos, era dono.

Casei com dezoito anos e meu maior sonho era ser pai e o fui aos dezenove anos. Tive um forte menino a quem dei o nome de Pierre. Tive muitos filhos, mas Pierre sempre foi meu preferido, gostávamos das mesmas coisas, nos entendíamos em tudo, ele era inteligente e trabalhador. Logo na mocidade, Pierre descobriu que era impotente, isso me fez sentir mais amor por ele. Trabalhava comigo no armazém, que prosperava.

Erramos muito, mas não fomos preguiçosos. Espírito ativo erra, resgata, pode até errar novamente se não aprender a lição, mas procura o caminho. Ociosos param no caminho, é bem mais triste.

Fui bom pai, esposo, muito trabalhador e egoísta. Não tive religião, por mais que minha esposa insistisse, nunca ia à igreja, embora acreditasse em Deus, não gostava de orar. Meu espírito tinha ânsia de ser útil e me confundi, pus-me a trabalhar materialmente. Fui um comerciante honesto, embora pensasse sempre em mim e nos meus, não fiz caridade, dizia para todos que me pediam que havia sido pobre, trabalhava e que fizessem o mesmo.

Meu lazer era ir ao campo contemplar a paisagem. Passava horas a olhar o céu, as árvores e as flores.

— Como a natureza é bela! — comentava sempre. — Como é bonito tudo o que Deus fez! Como é bom enxergar!

Sem aviso, a morte do corpo me fez abandonar tudo que julgava ser meu, mostrando-me que somos usufrutuários e não proprietários. Perturbei-me sem conseguir entender o que se passava, vaguei anos pelo meu lar e pelo armazém. Senti enorme tristeza ao ver meu Pierre adoecer, vi seu desencarne e chorei com minha esposa. Pensei que somente ele estava morto, comecei a vê-lo em casa e o temia. Depois, até Pierre abandonou-me, senti enorme cansaço, comecei a pensar mais em Deus e passei a orar. Um dia, roguei misericórdia e percebi que meu corpo havia morrido. A bondade de Deus é infinita e fui socorrido por bondosos amigos e encaminhado ao posto de socorro e foi com grande alegria que vi Pierre.

O socorro acontece dependendo do modo como se viveu encarnado. Cego ou leproso, o sofrimento me levou a orar e não a me entregar a Deus. Se tivesse me entregado, não iria errar mais. Nessa encarnação não mereci ser socorrido.

O passado está dentro de nós, logo o recordei e lembrei das palavras do espírito que fora minha mãe quando João.

"Sem freio, filho, estará pronto para reencarnar?"

Não estava, e senti muita tristeza. Minha vontade era uma somente, voltar a encarnar. Muitos não entendem o porquê de muitos quererem voltar à carne, encarnar, quando o mundo espiritual é tão lindo, a existência mais suave. Esquecem que aqui no Plano Espiritual se pode sofrer muito quando não se é socorrido. Socorrido, pode-se sofrer com remorso e querer o esquecimento como bálsamo, ou reparar as faltas, quitar dívidas. Outros, não tendo esses problemas, encarnam para ajudar a outros e para encontrar resistências, dificuldades e achar soluções que os façam progredir. Eu cobrava de mim a reparação de minhas faltas, ou mesmo a necessidade de provar que de fato aprendera a lição. Aguardei ansioso nova oportunidade.

Entendi que quando se sofre encarnado para quitar dívidas, purificar nosso carma, mesmo sofrendo com resignação, não quer dizer que se tivermos oportunidades não voltaremos a errar. Também entendi que cada um tem sua estrada, seu modo de agir, e pelo livre-arbítrio faz o que quer. Comigo aconteceu assim, outros irmãos mais maduros, mais voltados ao bem aprendem muito com o sofrimento. Não regredi, mas não aprendi. Lição aprendida jamais é esquecida. Queimei meu carma negativo com o sofrimento, tantos podem queimá-lo pelo amor puro. Tendo novas oportunidades, não cometi os erros do passado, mas não caminhei, ainda cultuava o egoísmo.

Desejos materiais formam uma corrente que liga o espírito às encarnações. Como desejava ser bom médico, necessitava encarnar. Quis exercer a medicina novamente, Pierre e eu estudamos, preparamo-nos esperando a oportunidade de regressar ao corpo carnal.

6

CAMINHANDO

Reencarnamos irmãos, fui o mais velho e recebi o nome de Gilbert, Gert, logo veio Huts, éramos amigos inseparáveis, muito unidos. Nossos pais brigavam muito, crescemos com insegurança em meio a agressões. Como é triste para um espírito num corpo infantil ver aqueles que ele ama, dos quais espera proteção e educação, brigarem odiando-se.

Consolávamo-nos, estávamos sempre juntos e nunca brigávamos. Minha mãe tinha um carinho especial por Huts, largando-me em segundo plano. Um dia, meus pais resolveram se separar. Decidiram que eu ficaria com meu pai e Huts com minha mãe. Com grande tristeza nos separamos, fiquei com meu pai na França e vi Huts partir com minha mãe para a Hungria, onde moravam meus avós maternos.

Sinceramente não senti a ausência de minha mãe, que para mim sempre fora indiferente, senti muito a falta de Huts, amigo e irmão. Meu pai casou-se novamente logo após a partida de minha mãe. Estava com doze anos na época, gostei de minha madrasta, que era meiga, boa e combinava muito com meu pai. Tiveram três filhos. Embora a vida não fosse fácil, transcorreu tranquila e simples.

Correspondia-me com Huts, sentia muito sua falta, minha mãe não se preocupou comigo e nunca me escreveu, nunca mais nos vimos.

Na adolescência quis estudar medicina, que era meu grande sonho. Com sacrifícios, meu pai pagou meus estudos e me formei com distinção. Huts também estudou e se formou em medicina na mesma época que eu. Quando formado, veio me ver na França, onde passou uns meses conosco e aproveitamos para trocar ideias.

Meus avós maternos eram ricos, Huts se vestia bem e teve boa educação. Nossa amizade era sincera e queríamos ficar juntos.

— Venha comigo, Gert — pediu —, trabalharemos juntos.

— Fica você, não falo o idioma de lá, tudo me será difícil.

— Não posso, mamãe enlouqueceria sem mim, escreve-me todos os dias pedindo para que volte.

Não entendia como uma mãe amava tanto um filho e pelo outro era indiferente. Huts regressou. Comecei a trabalhar e dediquei-me bastante, ajudei meu pai, madrasta e meus irmãos. Resolvi constituir família e casei. Minha esposa era de uma família respeitada, mudei socialmente, passei a ser importante. A medicina sempre foi e é uma profissão rendosa, comecei a enriquecer. Estudioso, bom profissional, era tido como bom médico, novamente esqueci que pobre adoece e não gostava de atendê-los. Enfim, fui médico dos ricos, dos que podiam pagar meus honorários.

Novamente Huts visitou-me, desta vez com a esposa, tão rica, elegante como ele. A distância, com outros modos de viver, em outro país, não o fez diferente, continuamos amigos. Pensávamos da mesma forma, sermos importantes, ricos, mas amávamos a medicina. Dessa vez, não demoraram, partiram e continuamos a nos corresponder e a trocar ideias.

Fui pai de cinco filhos lindos e sadios, dos quais me orgulhava muito.

Huts, por circunstância infeliz, veio a desencarnar precocemente, isso me deixou muito triste e, logo após, meu caçula, com dois anos e cinco meses, desapareceu.

— Doutor Gert, Leonard sumiu, a patroa mandou lhe chamar — a criada estava apavorada.

Ao escutar aquilo, tive um pressentimento ruim.

— Meu filho sumiu! Meu filho!

Todos, familiares, amigos, autoridades, o procuraram, não o encontraram. Os soldados vasculharam toda a região, houve procura por todo o país e não soubemos mais dele.

Meu Deus! Como é triste perder um filho nessa circunstância e ficar na ansiedade, na agonia de achá-lo vivo ou mesmo morto. Anos passaram, nunca tivemos notícias dele, sua feição não me saía da mente. Sonhava sempre com ele, Leonard era lindo, louro, olhos azuis e vivia a sorrir. Às vezes, despertava com sua vozinha chamando-me como sempre fazia quando retornava para casa.

"Pai, meu pai!"

— Conforme-se, Gert — rogava minha esposa —, acabará enlouquecendo. Acho que mataram nosso filho.

— Sinto-o vivo. Não sei por que, Janet, sinto-me culpado. Não sei explicar, mas parece que já raptei crianças, não sei quando ou por que, e agora sofro o que já fiz outras pessoas sofrerem.

— Gert, atenda-me, não pense assim, ficará doente.

Amargurado, triste, envelheci precocemente, tendo no meu trabalho o bálsamo para esquecer e enriquecer. Meus filhos casaram, e vieram os netos, fiquei viúvo e sozinho, comecei a pensar, refletir sobre minha vida e entendi que fracassara.

"Talvez devesse ter agido de outro modo. Trabalhei muito, enriqueci e de que me serviu o dinheiro? Nem meu filho pude achar. E se ele for um dos pobres que me nego a atender?"

Assim pensando, tentei atender mais os pobres, que nem mais me procuravam. Mas não houve tempo, desencarnei. Como é triste deixar para fazer o bem no futuro e na carne, o futuro nos é incerto, nem sempre o temos. O bem deve ser feito no presente. Amargurei em remorsos, dentro de mim, repetia sem parar:

"Os pobres adoecem, os pobres sofrem..."

Chorava muito e bondosamente Janet, minha esposa, vinha conversar comigo, elucidando-me. Vaguei por anos, com sinceridade me arrependi e fui socorrido.

Pude então saber de Leonard, meu filho, que já estava velho e era muito feliz. Ele fora roubado por uns salteadores que o encontraram sozinho perto de nossa casa, quando na sua peraltice havia fugido. Fora vendido a um casal sem filhos que o criara e educava-o muito bem, embora tenha ele sido pobre e simples.

Lembrei meu passado, vi que colhi o que plantei, participei de raptos sem me preocupar com os familiares de minhas vítimas, nessa encarnação sofri a ausência de um filho.

Novamente tive o ensejo de encarnar, achei que merecia nascer em uma família pobre e aprender a dar valor a todas as pessoas, independentemente de suas posses financeiras. Sabia que, pobre, não conseguiria estudar, não poderia me formar para médico dessa vez. Desperdicei uma oportunidade, poderia ter sido bom e não fui. Quis saber de Huts, o irmão que amei tanto, soube que ele fora Marc, Daniel, amigo de erros e sofrimentos, ansiei por estar perto dele. Encontrei-o encarnado no Brasil, exercendo a medicina sem ser formado, ou melhor, amenizando dores com seus remédios de ervas e benzimentos. Morava sozinho, solteiro e não querendo constituir família. Encarnei entre seus vizinhos porque sabia que, tão afins, iríamos nos encontrar.

O Brasil, terra nova, se formava sem tantos preconceitos no meio de tantas raças. Foi no interior, onde as fazendas prosperavam com o trabalho dos negros, que encarnei. Filho de colonos, família de numerosa prole. Éramos pobres, mas felizes. Apesar de trabalhar muito, levávamos uma vida despreocupada. Chamava-me Alfredo.

Por toda a redondeza ouviam-se histórias fantásticas de assombrações, de feiticeiros, etc. O morro da redondeza era o alvo dos principais assuntos, onde vivia um senhor branco que fazia curas como doutor, benzia, tirava mau-olhado, dava remédios. Apesar de bom, tinha o apelido de Feiticeiro, porque diziam que ele também podia com o próprio demônio.

Aos oito anos, minha mãe levou-me ao morro, na casa do Feiticeiro. Fui com tanto medo, tremia pensando que poderia ver o demônio, pensava que iria ver um bruxo horrível. Sabia que não era mau, atendia a todos e não cobrava de ninguém. Todos pela redondeza lhe deviam favores ou uma cura. Estava tendo muitas dores de barriga e, na opinião de minha mãe, estava magro.

Meu coração bateu disparado quando entrei na casa dele e vi um senhor bondoso a sorrir.

— O senhor não é feio! — exclamei, observando-o.

O Feiticeiro era magro, alto, moreno claro, barba bem-feita e muito limpo. Senti paz ao fitá-lo, fiquei olhando-o e esqueci de tudo. Examinou-me, fiquei quieto, tímido, escutei ele falar que um dia voltaria para ajudá-lo e ficaria com ele. Mamãe ficou contente e, com os remédios para vermes, voltamos para casa. Voltei triste e cismado.

— Mamãe, por que ele se chama Feiticeiro? Por que vive sozinho?

— Ele mora sozinho porque não casou, acho que é feliz assim. Ele não se chama Feiticeiro, é apelido. Ele entende de tudo, é sabido!

Dias depois, estava livre das dores de barriga, mas não esqueci do Feiticeiro; quando olhava o morro sentia saudades.

Logo comecei a trabalhar na lavoura, queria estudar como os filhos do senhor da fazenda. Sonhava em aprender a ler e escrever. Pedia sempre aos meus pais:

— Quero estudar! Deixem-me estudar!

— Isso é para ricos, pobres trabalham — respondia minha mãe.

O tempo passou, estava mocinho quando, um dia, meu pai teve falta de ar e dores no peito, corri e fui chamar o Feiticeiro. Ele sorriu ao me ver, contei aflito o que acontecia e ele, rápido, pegou a sacola onde carregava suas ervas e remédios e descemos o morro, chegando logo em casa.

Ele examinou meu pai, deu-lhe um chá que o tranquilizou e o fez dormir, deixando-nos aliviados. Feiticeiro chamou minha mãe na sala e disse calmo:

— Dona Abadia, seu marido está mal, sinto em não poder curá-lo. Sua vida está nas mãos de Deus.

De fato, meu pai desencarnou naquela noite. Interessei-me por aquele homem simples, instruído, com quem simpatizei sem entender bem o porquê. Comecei a visitá-lo, primeiramente para agradecer, depois para conversar, era muito agradável ouvi-lo. Um dia, contei que meu sonho era ler e escrever e senti uma enorme alegria ao escutar:

— Ensino você! Aprenderá fácil!

Passei a ir mais vezes a sua casa, tanto me interessei pela leitura como por seu trabalho. Atendia a todos que o procuravam, cuidava da horta e dos animais. Sabia ler os pensamentos alheios e mesmo assim era caridoso com todos. Aprendia rápido e observava com atenção tudo que ele fazia.

Um dia, convidou-me para ir morar com ele, não hesitei em aceitar. Minha mãe ficou contente por ter um filho aprendendo a benzer. Estava com dezessete anos. Joaquim, era assim que se chamava o Feiticeiro, construiu mais um cômodo em sua casa, que passou a ser meu quarto.

Feiticeiro foi um pai para mim, ensinou-me tudo que sabia, aprendi a ler e a escrever, a usar as ervas como remédio, a usar minha intuição para lidar com pessoas obsediadas e a não ter medo dos espíritos.

— Espíritos são pessoas como nós. Somente não têm o corpo físico, não devemos temê-los, mas ajudá-los se necessitados; se bons, devemos ser amigos — esclareceu-me. — Morre o corpo, Alfredo, a alma, o espírito continua a viver. E podem viver de muitas formas, uns vagam pelo antigo lar, outros querem vingança, outros ficam perto dos que amam; nesses casos, não é bom. Os espíritos bons auxiliam com sabedoria.

Muitos dos doentes que aqui vêm têm por companhia desencarnados não esclarecidos que necessitam de orientação e de ir para lugares que lhes são próprios no mundo espiritual, assim, deve aprender a orientá-los, poderá ajudar tanto o encarnado, vivo no corpo, como o desencarnado, vivo em espírito.

No começo tinha medo, mas aos poucos passei a gostar do assunto, entendendo, não tive mais medo. Feiticeiro repetia para mim sempre este ensinamento:

— Alfredo, faça o bem a todos como gostaria que fizessem a você. Mas toda caridade deve ser acompanhada da boa moral. Tudo que fazemos são atos externos e pouco valerão se não tivermos o procedimento correto. Atos bons nos tornam pessoas boas se procedermos sem erros.

Os anos passaram, Feiticeiro envelheceu e como seu ajudante ganhei o apelido de Curandeiro. Joaquim não saía mais de casa, era eu que descia o morro para atender os que não podiam subir. Um dia, acordei e, como Feiticeiro não levantava, fui ao seu quarto e encontrei-o morto. Todos na redondeza sentiram seu desencarne, vieram trazer flores, orar por ele, enterrei-o entre as flores do nosso pequeno jardim.

— Aqui viveu, aqui seu corpo voltará à natureza!

Senti muito, mas foi com grande alegria que tempos depois senti sua presença ao meu lado, orientando-me e confortando-me. Continuei seu trabalho. Era como ele, querido e tido como médico entre os pobres e escravos.

Estava com trinta e oito anos e os astros anunciavam uma mudança em minha vida. Um dia, logo de manhãzinha, vi Feiticeiro, que me recomendou:

— *Alfredo, aceite o que vierem lhe propor.*

Inquietei-me tentando adivinhar o que seria. À tarde, recebi a visita do dono das terras do morro. Esse senhor, quando era pequeno, foi curado de uma mordida de cobra venenosa pelo Feiticeiro. Cumprimentou-me e sentou-se na cadeira que ofereci e foi direto ao assunto, para meu alívio.

— Curandeiro, tenho uma filha de dezesseis anos de que gosto muito, é a minha predileta. Ela está grávida e o safado sumiu.

Abaixou a cabeça e não conseguiu esconder as lágrimas que teimavam em rolar pelo rosto, suspirou e continuou:

— Pensei em mandá-la para um convento, mas a coitadinha chora desesperada e não quer ir, lá terá que dar o filho e ficará presa. Minha filhinha presa, não, isso também não quero. Ora tenho dó dela, ora tenho raiva e gostaria de matá-la, o fato é que me envergonhará. Como deixá-la ter o filho solteira? Pensei em achar um marido para ela e lembrei de você, que é boa pessoa e solteiro. Assim, não a mandarei para longe nem estará tão perto que não possamos esconder o fato. Afinal, o filho dela é meu neto! Vim, Curandeiro, propor este negócio, case-se com ela. Minha filha virá morar aqui, onde mandarei construir uma boa casa e darei a você estas terras. Então, que me responde?

— Poderei pensar e...

— Não há tempo. Se não aceitar, também não aceitarei mais você aqui, mandarei meus homens expulsarem-no de minhas terras e destruirei tudo.

— Tudo?

— Sim, porei fogo. Que responde?

Entristeci em pensar em ver tudo que tanto amava, e que Joaquim construiu, destruído. Abaixei a cabeça e pensei rápido, se fosse expulso para onde iria? E as pessoas que me amavam e confiavam nos meus conhecimentos rudimentares para ajudá-las? Casar não estava no meu programa. Mas e a mocinha, enganada e grávida, que seria dela se não aceitasse? Casando, poderia ajudá-la. A imagem do Feiticeiro veio a minha mente, ele tinha razão, não tinha escolha. Com voz firme, respondi:

— Aceito!

— Isso! — suspirou o fazendeiro aliviado. — Não se arrependerá, o casamento será para daqui a três dias, no sábado à tarde. Você deve estar cedo na casa-grande. O padre vem fazer batizados e aproveitaremos a ocasião e faremos o casamento de vocês. Mandarei meu empregado de confiança trazer roupas apropriadas para você e mantimentos. Não quero que falte nada a minha filha. Sei que para você é um negócio, que não teve escolha, mas ela é uma menina, tão frágil, cuidará bem dela, não é?

— Não faço mal a ninguém.

Apertou-me a mão, observei que estava abatido e triste.

— Até sábado!

Saiu e fiquei a pensar: "Casado! Avisado três dias antes". Arrumei do melhor modo possível a casa, limpando tudo. No outro dia, me trouxeram roupas e alimentos. As roupas me serviram bem, deveria ter sido de algum dos meus futuros cunhados. Dentro de um casaco encontrei uma boa quantia de dinheiro.

"Pareço comprado!" — lastimei triste.

— *Alfredo, não se sinta assim* — aconselhou Feiticeiro. — *A mocinha está necessitando de auxílio, use o dinheiro para ajudá-la. É dela, de seu pai.*

No sábado, arrumei-me do melhor modo que pude, fiquei elegante, desci o morro logo após o desjejum, rumo à casa-grande.

— Está muito bem! Seja bem-vindo! — cumprimentou meu futuro sogro.

As pessoas da fazenda comentavam sobre o nosso casamento. Uns diziam que há tempo namorávamos às escondidas e que éramos apaixonados e como fomos descobertos o sinhozinho nos fez casar. Outros diziam que a sinhá Zúlia me amava desde que a curei de uma dor de cabeça. Sorria diante dos comentários e não respondia às indagações. O fato era que não conhecia minha futura esposa e não sabia nem como era.

Conheci-a quando entrou na sala vestida de noiva nos braços do pai. Zuliana, assim se chamava, tratada por todos por Zúlia, estava nervosa, com a cabeça baixa. Era miúda, morena, de olhos grandes, que estavam assustados. Fiquei com dó dela, parecia uma criança com muito medo, obrigada a aceitar um esposo que conheceria no altar.

O casamento foi rápido, logo após o padre fez os batizados e em seguida houve uma grande festa. Na casa-grande, os convidados, alegres, davam vivas aos noivos.

Procurei ser gentil com todos os convidados, e meu sogro suspirava tranquilo, não o estava envergonhando.

No terreiro, os negros e colonos festejavam com grande alegria e danças os batizados e o casamento da sinhazinha com seu doutor Curandeiro.

Antes que a noite chegasse, meu sogro achou conveniente partirmos e uma charrete nos levou ao morro. Ao meu lado Zúlia estava calada, triste e distraída. Ao chegar, ajudei-a a descer e a charrete e seu condutor voltaram para a fazenda, deixando-nos sozinhos.

— Zúlia, você é uma criança. Tenho idade para ser seu pai, é isso que serei a você, seu pai. Não tenha medo, aqui estará protegida. Fomos, menina, obrigados a casar, você para esconder o fruto do seu amor e eu para não ter que ir embora daqui, deste lugar que amo. Casamos perante Deus, mas não somos esposos por nossa vontade e não seremos. Não vou exigir direitos de marido. Vou ajudá-la, aqui terá seu filho, cuidarei de vocês dois. Não fique assustada.

Sorri tentando ser gentil. Zúlia ensaiou um sorriso suspirando aliviada, mas estava desconfiada. Deixei-a à vontade, cedi meu quarto, acomodei-me na sala. A desconfiança foi acabando ao ter a certeza de que não a enganara. Era bondoso e gentil com ela, logo a mocinha estava alegre e passamos a conversar, trocando ideias.

Como meu sogro prometeu, logo ao lado de minha casinha uma bonita casa estava pronta.

— Não é bonita, Curandeiro? — Pela primeira vez a vi entusiasmada.

— Sim, é bonita. Este quarto é meu, este maior é seu, aqui ficará melhor com o bebê. Atenderei as pessoas na casinha, no meu antigo lar, será como um hospital.

— Alfredo, você é tão inteligente, tão bom! Como poderia imaginá-lo instruído, sabe ler e escrever tão bem. E pensar que temi encontrar um bruto.

Quando mudamos, meus sogros vieram nos visitar. Ao ver a filha bem e feliz, ficaram contentes. Estávamos proibidos de ir à casa-grande até que a criança nascesse e estivesse maiorzinha. A ordem era que escondêssemos a criança e contar que nasceu quando fizéssemos nove meses de casados.

Zúlia fazia o serviço da casa juntamente com uma negrinha, uma escrava da fazenda que o pai mandara para que ajudasse. Quando subia alguém no morro me procurando, ela se escondia. Um dia me contou sua história.

— Conheci Alberto logo que chegou à cidade perto da fazenda, era um empregado do império que viera para estudar a construção de uma estrada. Era bonito, elegante e amei-o logo que o vi, ou pensei amá-lo, porque não o amo mais, agora sinto raiva dele. Escreveu-me cartas, bilhetes e começamos a nos encontrar às escondidas, à noite, perto do lago. Prometeu casar comigo. Mas foi embora, nem se despediu, me deixou uma carta dizendo que partia e que era casado. Chorei tanto que meu pai quis saber o que acontecia comigo. Um dia no meu quarto, enquanto conversávamos, desmaiei e Negrinha contou-lhe que estava vomitando e tinha enjoos. Quando recobrei os sentidos, ele lia a carta que Alberto me mandara de despedida. Acabei lhe contando tudo. Pensei que ia me matar, falou em me mandar para um convento e teria de dar meu filho.

— Mate-me! — gritei chorando. — É preferível mas não me separe do meu filho, ele não tem culpa!

Meu pai é bom demais, olhou-me com pena.

— Nem convento, nem dar a criança. Casarei você. É isso, casarei você!

Saiu e voltou com tudo planejado.

— Zúlia, você casará no sábado, vamos aproveitar que o padre vem à fazenda fazer os batizados. Sua mãe reformará o vestido de noiva com que sua irmã casou.

— Com quem? — perguntei aflita. Naquele momento tudo era preferível a me desfazer do meu filho.

— Com o Curandeiro do morro. Não é má pessoa — informou e saiu.

Ansiosa, agoniada, esperei pelo sábado. Ao ver você no altar, achei que foi Santa Rita que me ajudou. Graças a Deus, estou bem, logo meu filho nascerá neste lugar tranquilo e bonito, e ficará comigo.

Fui eu que fiz o seu parto. Foi um parto difícil, em que Zúlia sofreu muito, mas foi enorme a alegria ao pegar um lindo menino, forte e sadio. Cuidei dela como cuidava dos meus clientes e escondemos a criança por mais de dois meses. Quando anunciamos o nascimento do menino, começaram as visitas e meu sogro deu uma festa no seu batizado. Fui conquistando a família de minha esposa, que passou a achar que não fora um mau casamento para Zúlia. Sabia agradá-la, tinha conversa amigável e tornei-me amigo de todos.

O tempo passou e a amizade transformou-se em amor no coração da jovem Zúlia. Passamos a viver realmente como esposos, não a amei, mas queria-a muito bem. Ela não interferia no meu trabalho e eu deixava que cuidasse de tudo, da casa, dos trabalhos da terra.

Tivemos mais três filhos, nunca fiz diferença entre eles e nunca ninguém mais soube do ocorrido. Zúlia foi feliz e me dizia sempre:

— Alfredo, amo você e sou-lhe muito grata. Você me fez feliz! Como teria sido infeliz se fosse trancada num convento, longe destas terras que tanto amo! Sem liberdade, sem filhos, morreria de tristeza. Você me aceitou com filho de outro, não me julgou, não me condenou e me ajudou. Sou grata a você. Um dia, se Deus quiser, terei oportunidade de ajudá-lo e saberei recompensá-lo.

Os filhos cresceram, estudaram, foram bons e trabalhadores, casaram, fomos sempre felizes, vivemos em paz. Zúlia cuidando de tudo e eu dos meus doentes, fazendo remédios, benzendo, curando...

Até duas horas antes de desencarnar atendi meus doentes, foi quando me senti cansado, com dores no peito. Zúlia me fez deitar, me deu chá e senti sono, então ela fechou a janela do quarto e saiu para que descansasse. Senti que o ar me faltava, tentei gritar, chamar alguém, não consegui, tudo rodava, parecia que minha cabeça partia-se ao meio, pensei que desmaiara. Desencarnei, Joaquim e alguns amigos desligaram-me do corpo físico morto, levando-me a um posto de socorro. Senti como era querido pelas muitas preces que recebi, que me confortaram. Entendi que desencarnei, logo me refiz, adaptando-me, e encantei-me com a vida espiritual. Meu espírito ansiava por aprender, por saber. O meu passado já não incomodava mais, sabia que não se muda o que já aconteceu, mas o futuro depende do nosso presente, cabia somente a mim construí-lo.

Sempre me intrigou, como Maurício, o amor devotado de Maria das Graças por mim, reconheci que ela era Zúlia, a antiga companheira, que, como prometera, muito me ajudou. Como Zúlia recebeu meus benefícios, como Maria das Graças pôde retribuir o bem que lhe fiz.

Quis encarnar e ser médico, sentindo-me apto a exercer com justiça e sabedoria essa profissão, que diariamente age sobre as pessoas, fazendo-as mais felizes ou infelizes. Os profissionais da medicina não devem trabalhar somente pela remuneração financeira. E é justo que por ela tenham seu sustento honesto, mas devem pensar também que o cliente é seu irmão, seu semelhante, e atendê-lo bem, sendo rico ou pobre, preto ou branco. Joaquim e eu fomos estudar, logo que terminei o curso que fiz no Plano Espiritual quis voltar à carne; Joaquim não, queria ficar mais tempo.

Ansiava por exercer a medicina encarnado, reparar erros usando da mesma medicina que por irresponsabilidade tanto mal fiz. Necessitava caminhar, tornar-me um ser útil, um auxiliar, em vez de permanecer sempre precisando de auxílio.

Joaquim prometera reencarnar perto de mim.

— *Achou-me Alfredo, como Feiticeiro em terras novas, me achará novamente até como simples escravo ou um colono.*

— *Não serei médium, não será difícil?*

— *Intuição todos têm, ama-se pelo espírito.*

Despedimo-nos com grande carinho.

— *Voltei como Maurício.*

— Hoje — continuou Maurício após uma ligeira pausa —, *minha família é a humanidade, trabalho para servi-la, vejo a Divindade, Deus, presente em todos, amo-os como irmãos. É esta minha simples história: um filho perdido que encontrou o caminho. Sou feliz...*

SEGUNDA PARTE

1

O EXILADO

Silêncio, parecia que tudo e todos aquietaram naquele recanto do jardim, com o encantamento da narrativa de Maurício, o médico querido, o ruivo alegre, deixando-nos com sua história um conteúdo enorme para meditar. Emocionado, olhei o firmamento, as estrelas reluziam, lembrei de uma das parábolas do Mestre: "No Céu há festa e júbilo quando uma ovelha perdida retorna".

Ao nosso lado, há muito, sentara conosco e escutara a história verídica de Maurício, Antônio, médico estudioso, trabalhador incansável do centro espírita, o laboratorista, servidor da Colônia São Sebastião.

— *Parece, doutor Antônio, que está envolvido na história que prazerosamente ouvimos* — comentei. — *Não terá sido* você o Mark? Daniel? Ou mesmo Antônio, o filho adotivo? Amigo de erros e acertos?

Antônio é alto, magro, moreno de cabelos grisalhos, de aspecto bondoso e inteligente, estava trajando seu uniforme de faculdade, é uma pessoa que gostamos de contemplar. Olhou-me sorrindo, mostrando os dentes perfeitos.

— *Então adivinha!*

— *Já o vi chamar Maurício de pai... O que por aqui é viável na Terra seria impossível, é muito mais velho que ele.*

— *Isso já foi motivo de riso para muitos novatos, recém-desencarnados, acostumados a ver nos genitores pessoas mais idosas, mas nem sempre é assim no Plano Espiritual. Maurício é hoje o irmão querido, companheiro de ideal e de trabalho, às vezes, por hábito, chamo-o de pai.*

— *Seu relato seria uma complementação do que nos foi narrado. Doutor Antônio, não quer nos contar sua história?*

— *Não cansou, amigo?* — indagou-me Maurício a rir. — *Já não basta uma? É de fato um colecionador de histórias.*

— *Oh! Histórias interessantes não cansam. Gostaria de ouvir você, Antônio. Se é que tem coragem de recordar.*

— *Seria bom realmente recordar somente os bons momentos, em que fomos vítimas e não carrascos. Coragem para fazer, ter de admitir erros, nem sempre. Mas, meu caro amigo Antônio Carlos, sou corajoso!*

— *Vai contá-la?!* — indaguei, contente.

— *Bem, já que é corajoso para ouvi-la... Existem muitos mundos habitados, tudo é de Deus, o Criador Infinito e Absoluto, temos o Universo todo como lar. Allan Kardec nos esclareceu das muitas variedades de habitações e que são muitas as casas do Pai por este espaço infinito.*

Tinha por moradia um planeta que, mudando de plano, passando ao da regeneração, não foi possível continuar tendo por lar. Ocioso, não acompanhando o progresso, desfrutando sem colaborar, atrapalhando meus irmãos, fui expulso, juntamente com outros irmãos afins. Viemos para a Terra, este planeta de provas, por vibrarmos igualmente, com a bênção de um recomeço. Aqui na Terra, me lembrava vagamente daquele planeta, tinha uma sensação de que havia perdido o paraíso das facilidades e tinha agora que enfrentar o purgatório onde tudo era e ainda é difícil e trabalhoso. Lá, ficaram doces amizades a que não dei valor. Na Terra aprendi a amar as criaturas e a Deus. Amo este planeta-escola, onde os erros e os sofrimentos me fizeram descobrir o amor, ser reconhecido e grato.

Como exilado, aos poucos fui fazendo desta Terra abençoada meu lar, minha Pátria. Nas duas primeiras encarnações, tive vida simples, marcada pela insatisfação e saudade. Almejava o que perdi, as facilidades de que usufruíra, vivia atormentado sem conseguir me entrosar com as outras pessoas, julgando-as ignorantes e sem objetivos. Não me esforcei para aprender a viver como elas. A insatisfação me deixava ocioso, sonhando e imaginando acontecimentos que meu espírito conhecia. Sempre é triste desfrutar sem participar, usufruir sem trabalhar e aprender. Chega-se um dia, perde-se o direito de desfrutar desses conhecimentos que nos negamos a conhecer.

Desencarnei nessas duas primeiras encarnações jovem, negando-me a ficar no corpo que para mim era grosseiro e cheio de necessidades. Grupos de instrutores bondosamente me orientavam, mas minha vontade era fraca para aceitar a Terra, que por bênção me foi agraciada.

Na terceira vez em que encarnei, pude estudar e escolhi a medicina, que me pareceu ser a carreira mais importante aos terráqueos. Logo que me formei, o país em que vivia entrou em guerra, a luta me interessou e elaborei um plano de ataque que mostrei a um amigo da família, que era um dos comandantes do rei. Meu plano era simples, organizei-o com facilidade, era inteligente e tudo para mim era fácil. O comandante levou meu plano ao conhecimento do rei e fui chamado à presença dele, para quem expliquei tudo.

— Parece interessante e perfeito. Se der certo, não se arrependerá! — afirmou o soberano.

Deu certo, a vitória foi nossa, fui presenteado com um castelo e passei a ser um dos conselheiros do rei.

Continuava insatisfeito, não me interessei pela medicina. Achava que os estudos ofereciam pouca compreensão e escassos resultados. Procurei nos prazeres físicos algo que pudesse me interessar. Conheci uma moça lindíssima, que era cortejada por inúmeros cavalheiros. Pela primeira vez me interessei por outra pessoa, tudo fiz para conquistá-la, ela era volúvel e incentivava vários pretendentes. Um, porém, mais apaixonado, muito a assediava, era um jovem médico muito bonito. Por algum tempo, ela deu atenção a nós dois, isso me fez desejá-la mais e acabei vencendo e nos casamos.

O castelo que ganhei ficava perto da moradia desse rival e passamos a ser vizinhos. Logo, cansei da minha encantadora esposa, achando-a muito ignorante, e voltei a minha vida de prazeres e acumulando riquezas com negócios. Tive uma família numerosa e não cheguei a amá-la. Mas fiquei tremendamente irritado quando uma de minhas filhas fugiu com o filho do meu ex-rival vizinho. Voltaram casados e, como ele os aceitou, aceitei-os também. Passamos então a conviver sem problemas. Velho, adoeci, não podendo mais me levantar do leito. Revoltei-me com a morte, não acreditava em nada, nem em Deus. Para mim, a morte era uma violência cruel e as doenças eram ou poderiam ser curadas por alguém mais inteligente.

— Doenças — lamentava com revolta — nada mais são que pequenos desarranjos. Poderia curá-las se fosse mais jovem.

Desencarnei revoltado e sofri muito. A pior forma de egoísmo é guardar para si conhecimentos que poderiam servir a outros. Poderia, tinha tudo para construir algo de bom com os conhecimentos que a medicina da época me proporcionou, mas nem tentei.

Encontrei no Umbral, sofrendo como eu e pelos mesmos motivos, meu ex-rival, meu vizinho, e nos tornamos amigos de infortúnios. Fomos socorridos juntos, envergonhados, prometemos voltar à carne e sermos úteis, estudar novamente medicina e com ela construir, fazer o bem.

Voltamos como irmãos, filhos de um dedicado médico que a vida toda usou seus conhecimentos para ajudar, atender a todos que o procuravam. Desde pequeno me interessei pelo seu trabalho, acompanhando-o nas suas visitas. Éramos somente os dois filhos e nossas brincadeiras eram sempre de médico.

Chamava-me nessa existência Mark e meu irmão, Jayks. Éramos amigos e tínhamos os mesmos interesses. Com sacrifício de nosso pai, estudamos. Para mim, era tudo fácil e aprendia rápido, ajudando sempre Jayks. Ainda estudávamos quando minha mãe faleceu, formamo-nos sem empecilhos e logo após meu pai desencarnou.

Os exemplos bondosos de nosso pai logo foram esquecidos. Queríamos ser ricos e respeitados, atender pessoas pobres não dava lucro e eu não deixava de cobrar meus préstimos a ninguém, alguns pobres me pagavam com alimentos, animais etc. Fazia isso para que me procurassem o menos possível e fui selecionando meus pacientes. Do mesmo jeito pensava Jayks e começamos a brigar.

— Esta cidade é pequena para nós dois. Vá embora daqui, senão acabo com você — me enfureci.

Jayks mudou para uma cidade vizinha, onde se casou e teve seus ricos clientes. Não tendo concorrente, passei a clinicar para os ricos e comecei a enriquecer, aumentando a fortuna com um vantajoso casamento.

Tive muitos filhos, me tornei um médico respeitado e rico. Não tendo motivos para brigar, meu irmão e eu fizemos as pazes.

Eu estava insatisfeito, achava os conhecimentos da medicina da época escassos e sonhava em aumentá-los. Almejava ser famoso, entrar na história, queria inventar, descobrir curas.

— Como seria famoso se fizesse um paralítico andar, um cego ver! — repetia sempre a sonhar.

Minha esposa era uma pessoa boa e muito religiosa, e tentava me aconselhar:

— Meu marido, você não é Jesus Cristo para tais eventos, isso é impossível, você já é bom médico.

— Não sou um bom médico, mas poderia ser. Sei que esses inventos não são impossíveis, basta descobrir como fazê-los.

Meu espírito lembrava-se vagamente das proezas da medicina do meu ex-lar, do planeta distante, de onde fui exilado, e aonde a evolução chegou a ponto de não ter mais deficientes físicos e as doenças serem raras. Achei que poderia sanar doenças, bastaria experimentar fazer pesquisas e descobrir curas fantásticas. A ambição me dominava, somente pensava como seria louvado, respeitado, rico e famoso, nem sequer pensava no bem que poderia fazer a muitas pessoas. Egoísta, somente pensava nos meus interesses.

Todas as pessoas se curvariam aos meus pés, oferecendo dádivas para receber curas. Eu me vingaria de muitos orgulhosos, escolheria os que desejaria curar, pensava orgulhoso.

Pensando em glórias, a ideia foi me dominando e achei que estava desperdiçando minha inteligência e que estava na hora de tentar, de partir para as pesquisas. Tendo que ter um ajudante, pois não podia fazer tudo sozinho, convenci Jayks a me ajudar. Nessa época nos visitávamos com frequência. Contava a ele meus sonhos e ele, como todo ambicioso, me escutava com os olhos brilhando, foi fácil fazê-lo participar dos meus planos.

Pensava em procurar um local para nos servir de laboratório, quando um senhor falido me ofereceu sua moradia, situada num local isolado, num vale, entre as cidades em que morávamos. Era de construção velha, mas segura, e serviria para estudarmos sem sermos incomodados.

Tinha um servo, que salvei de uma moléstia grave, que era muito fiel e de total confiança. Chamava Jartir, era forte, sombrio e de natureza má. Minha esposa e filhos não gostavam dele e ficaram aliviados quando o levei para aquele sítio. Reformei a casa toda, deixei-a parecendo uma fortaleza, bem segura e livre de intrusos.

Para melhor nos servir, Jartir contratou duas mulheres e dois homens para morar e trabalhar ali. Eram pessoas suspeitas, foragidas, sem escrúpulos, que nos serviriam bem nas tarefas que realizaríamos. Jayks, quando viu tudo pronto, se entusiasmou. Eu sabia lidar com ele, sempre seguia minhas opiniões. Começamos nossos estudos pesquisando cadáveres trazidos do cemitério da redondeza. Mas os cadáveres começavam a se decompor e isso tornava difíceis as pesquisas.

O governador da cidade em que morava exercia a mesma função dos dias de hoje de prefeito, porém com mais poderes, e era meu amigo e cliente. Pedi a ele os cadáveres dos executados, que me eram entregues logo após a execução. Obcecado por essas pesquisas, nunca tinha material suficiente, retalhava os cadáveres, todos os órgãos e ossos.

— Estudar cadáveres é uma coisa, seres vivos é outra. Como saberemos se dará certo? — perguntou Jayks.

— Experimentaremos em vivos.

— Como? Não podemos fazer isso! Se não der certo? Depois, onde acharemos voluntários?

— Não seja tolo. Acha que poderíamos sair por aí e pedir voluntários? Acharemos pessoas disponíveis. Podemos pegar os condenados, não irão morrer? Que importa se é de uma forma ou de outra?

— Boa ideia, aqui serão bem tratados.

— Claro, e não sentirão dores. Depois, meu caro Jayks, por que não daria certo? Pela ciência poderemos sacrificar pessoas. Ninguém fez algo de útil sem antes estudar muito e pesquisar. Vítimas, isso é o de menos. Pense nas glórias, na fortuna, no que poderemos fazer. No futuro, falarão de nós como benfeitores.

Os olhos de meu irmão brilharam de ambição, sabia convencê-lo, era só atiçar o orgulho para animá-lo e ele fazia o que eu queria.

Meu amigo governador passou a dar-me os condenados sob a minha palavra de que não os deixaria fugir e de matá-los logo após os estudos. Expliquei vagamente o que estávamos fazendo, ele me considerava um sábio e se entusiasmou com meus planos. Ambicioso, ansiava por ver sua cidade ser alvo de fama, onde todos prosperariam, principalmente ele, pelas romarias. Almejando muitas vantagens, facilitou muito para mim, e além de condenados passou a me mandar presos que não tinham família por ali.

VERA LÚCIA MARINZECK DE CARVALHO ditado por ANTÔNIO CARLOS

Entusiasmei-me com as novas pesquisas em seres vivos, tudo era diferente e me pareceu maravilhoso. Aplicava neles, nas cobaias, anestésico forte e abria-os para ver o coração pulsando, os órgãos funcionando. Tudo me deslumbrava, interessando-me cada vez mais pelos estudos. Tentamos trocar órgãos de uma pessoa para outra e não dava certo, tentei extrair pedaços de órgãos, também não deu. Cada derrota aumentava em mim a vontade de continuar para acertar.

— Deve ser assim, talvez desse jeito! — tentava eu mesmo me incentivar.

Os prisioneiros não me bastavam, ordenei que os servos trouxessem mais pessoas. Eles iam pelas redondezas, pegavam andarilhos, mendigos, até mesmo enganando pessoas com promessas de emprego ou comprando alguns membros de famílias necessitadas. Não era difícil alguns pais venderem seus filhos, ou os filhos venderem seus pais velhos. Os meus servos conseguiam famílias inteiras até com crianças, que não eram poupadas.

Acreditava que conseguiria, imaginava que seria fácil e falava, incentivando Jayks:

— Falta pouco, temos que conseguir!

Nosso objetivo maior era fazer os cegos enxergarem, surdos ouvirem, mas nada conseguíamos e muitas pessoas foram danificadas. Muitas de nossas vítimas morriam durante as pesquisas na mesa operatória. Outras ficavam completamente inutilizadas, matava-as com veneno fortíssimo. Muitos mutilados eram presos nos porões, sendo tratados pelos servos, outros voltavam às pesquisas.

— Nada dá certo! — Jayks desanimava.

— Talvez porque não cuidemos de doentes realmente. Dará certo, sinto que estamos perto de descobrir curas fenomenais.

Pedi a Jartir que me trouxesse pessoas cegas, surdas e mudas. Assim, ora raptados, ora comprados ou enganados pensando vir para um asilo, obtive muitos deficientes. Pesquisamos, tentando trocar órgãos doentes pelos sãos. Nenhum sucesso. Dedicava-me muito aos estudos e não conseguia fazer nada dar certo. Estava me afastando cada vez mais de minha família, ficando muito tempo naquela casa, no laboratório, fui perdendo os meus ricos pacientes, gastando muito e ansiava cada vez mais por um resultado positivo.

Jayks acabou por desistir, deixando-me sozinho. Tudo ficou mais difícil sem a ajuda dele.

Visitei os porões, lugar que Jayks desconhecia. Vi minhas cobaias, a maioria se arrastava pelo chão, quase todos cegos e surdos, gemiam enlouquecidos, pareciam bichos, sujos e maltrapilhos.

Senti-me cansado, o peso dos anos fazia sua marca. Amargurado, decepcionado, resolvi fechar o laboratório. Chamei Jartir.

— Jartir, meu amigo e fiel servo, a sorte foi ingrata comigo. Quem mais do que eu mereceria obter resultados depois de tantos estudos, depois que me sacrifiquei tanto? Larguei o conforto do meu lar, passei noites sem dormir. A ciência me é ingrata! Vou parar com os estudos. Você deve dar a todos do porão uma dose forte de veneno. Quero-os todos mortos e enterrados lá mesmo. Quanto a vocês, servos fiéis, podem ficar na casa, receberão todos os meses seus ordenados. Mas devem ficar calados, aquele que ousar comentar o que se passou aqui, morrerá.

Nem esperei para ver minhas ordens cumpridas, voltei para minha casa e nunca mais, encarnado, voltei àquela casa, ao meu laboratório, que somente me dera desilusão. Tentei

VERA LÚCIA MARINZECK DE CARVALHO ditado por ANTÔNIO CARLOS

retornar às antigas atividades, mas estava muito desanimado, descontente e desgostoso. Minha família achava que escondia alguma amante naquela casa, me respeitava sem ter por mim mínimo afeto.

Oito meses após, Jartir veio me contar que os dois servos brigaram e um matou o outro. E um fogo, que não se sabe como começou, destruiu a casa, restando dela somente destroços.

— Patrão — Jartir estava apavorado —, o demônio fez moradia lá. Ficou assombrando a casa, escutávamos gemidos, bater portas. Tenho medo daquele lugar. O fogo foi obra deles, dos demônios. As duas servas partiram assustadas, eu voltei.

— Ficará comigo, Jartir, mas não se esqueça que ninguém sabe o que ocorreu naquela casa, cuidado com o que fala.

Meus filhos e minha esposa não gostaram da volta de Jartir, exigiram que eu o despedisse. Dei-lhe muito dinheiro e mandei-o embora. Jartir partiu chorando, chamando-me de ingrato e injusto.

Ninguém abertamente comentou os acontecimentos da Casa do Vale. Naquele tempo era comum pessoas desaparecerem. Depois, pegamos os pobres, os que dificilmente conseguiam reclamar e ser ouvidos. O governador me foi de muita utilidade, soube despistar os indícios e dar por encerrado os casos que foram parar em suas mãos. Ficaram somente vagas impressões de mistérios, de inexplicáveis desaparecimentos. Mas nunca ninguém suspeitou de dois médicos ricos e respeitados.

Jayks morreu e senti-me muito só, não encontrava sossego e nem prazer em nada, ficava a pensar: "Onde errei? Por que não deu certo? Que faltou? Tudo que fiz foi achando correto. Será que precisava mutilar tantas pessoas?"

Como se sentem pessoas orgulhosas, recordando erros do passado? Não é fácil recordar e nos ver em condições de carrascos. Tantos erros fiz, quantos sofrimentos espalhei. Lembranças machucam, mesmo para mim, que me sinto quite com esses erros. Hoje, sou um trabalhador da Seara do Pai e indago: "Não é por misericórdia que sirvo?"

Tentando esquecer, procurei na bebida um bálsamo para minhas torturas, não me conformava com meu fracasso. Não cliniquei mais, passei a maltratar todos que me cercavam, afastando-me ainda mais dos familiares. Comecei a ter feridas que foram se alastrando por todo o corpo. Não sabia o que tinha nem como suavizar as dores que eram fortíssimas, queimando-me como fogo. Com medo de contágio, minha família prendeu-me no porão de minha casa. Fiquei cego, sozinho na escuridão, sentia-me rodeado por seres que me odiavam e ficava horrorizado.

Desencarnei, mas me julguei vivo; escutando, percebi apavorado que minha família ia me enterrar. Ao fechar o caixão, escutei um gargalhar horrível.

— Doutor Mark desencarnou! Avise a todos!

Quis me refugiar no corpo com medo, mas fui arrancado dele por criaturas horríveis que me olhavam com ódio e rancor. Levaram-me para os destroços do meu antigo laboratório, onde estavam meus cinco servos, e fomos torturados pelos espíritos sedentos de vingança. Eram espíritos de minhas vítimas, estavam horríveis, monstruosos, como haviam desencarnado, torturavam-me com prazer, não me dando tréguas.

Depois de muito tempo, que para mim pareceu séculos, fomos levados para um abismo no Umbral e deixados lá como prisioneiros. Encontrei Jayks, que também ficara preso, ele me odiava e me culpava de tudo. Todos os dias, aqueles espíritos horríveis visitavam-nos, humilhando-nos e torturando-nos. Estavam assim porque se negaram a nos perdoar, preferindo sofrer e nos fazer sofrer, se recusando a um estágio tranquilo no Plano Espiritual para poderem se vingar.

Trocávamos ofensas, Jayks e eu, o tempo todo. Nós, os sete prisioneiros naquela gruta escura e suja, além de sofrer, odiávamos tanto nossos carrascos como uns aos outros.

— *Você, Mark, é culpado de tudo. Você nos levou a isto* — acusava Jayks. — *Cadê a glória que me prometeu?*

— *Não deu certo* — tentava defender-me. — *Poderia ter dado, não tivemos sorte. Não pode me culpar, não obriguei ninguém a fazer nada, eram livres para fazê-lo. Vocês que foram, e são, ambiciosos...*

Somos, de fato, sempre tentados, porém, somos livres para escolher. Mas culpar os outros é fácil, reconhecer nossos erros é sempre mais difícil. Foram anos, muitos anos de sofrimento, e aos poucos nossas vítimas, agora carrascos, foram escasseando.

Um dia, uma grande falange de maus espíritos nos libertou e ficamos com eles. Como Jayks e eu brigávamos muito, fomos separados. Adaptei-me rápido aos novos amigos e logo pude mostrar a eles minha inteligência. O bando era animado, andava vagando ora pelos umbrais, ora entre os encarnados, fazendo pequenas maldades e grandes farras. Até que um dia fomos cercados por espíritos bons que nos aconselharam a mudar de vida. Senti-me tocado, sentia cansaço, me lembrei do período antes de encarnar e ser o terrível doutor Mark. Aproximei-me deles e escutei comovido as palavras bondosas que me chamaram à razão e resolvi mudar a forma de viver.

Fui encaminhado a um posto de socorro, onde bondosamente tentaram recuperar meu perispírito, que parecia um monstro pelas torturas sofridas e pelas minhas maldades. Encontrei Jayks, depois de muito tempo separados. Senti dó dele e lhe pedi perdão com sinceridade. Senti que ele estava tão triste e cansado quanto eu.

— *Mark, erramos juntos, você não é o único culpado. É certo que me tentou, segui-o porque quis, a ambição me cegou. Somos os dois culpados! Que Deus nos perdoe, porque eu o perdoo, mas não perdoo a mim mesmo. Sou culpado!*

Senti muita tristeza. Ali, naquele lugar de paz, era um estranho e passei a ter remorso. Mas meu remorso era por ter causado sofrimentos ou feito sofrer meu irmão e meus servos, esquecendo as minhas vítimas, as pessoas que nos serviram de cobaias. Lembrava-me delas como carrascos que nos torturaram.

Ali fiquei pouco tempo, inquieto, triste, sem participar de nada, esperando não sei o quê.

— *Mark, um orientador lhe chama.*

Com ansiedade fui ao local indicado, reconheci o orientador, era um dos instrutores do grupo dos exilados.

— *Você está com o perispírito deformado, não conseguiram neste local de socorro harmonizá-lo, necessita se equilibrar com as Leis Divinas, necessita colher o que plantou, não por castigo, mas como efeito da causa que você mesmo fez! Espírito rebelde! Não soube aproveitar o que lhe estava sendo dado neste educandário terreno. Abusou de irmãos em crescimento. Causou dores, muitas dores, despertou ódio em muitos quando deveria por sua inteligência despertar gratidão e bons sentimentos. Grande é sua culpa! Por sua ambição fez irmãos odiarem, despertando neles o desejo de vingança. Como é culpado quem ensina a odiar! Irresponsável, usou de corpos abençoados, vestimentas do espírito, para suas pesquisas, tentou, para sua ambição, fazer algo que não sabia. Abusou de muitas coisas, ó exilado! Voltará à carne e sofrerá como fez a outros, seus irmãos, sofrerem.*

Estremeci...

Encarnaram-me...

2

RESGATANDO

Quando socorrido, os mentores tentaram harmonizar meu perispírito, tarefa difícil, porque não ajudei. Tinha rancores pelas minhas vítimas que foram algozes para mim. Meu aspecto era deformado, porém estava completamente lúcido. Concordei com o instrutor do grupo quando me determinou:

— *A solução para você, meu irmão, é reencarnar. Só a carne para harmonizá-lo, tem muito que aprender.*

Passei as deformidades perispirituais para meu corpo físico. Voltei num corpo deformado, filho de uma moça solteira que nunca conseguiu amar o filho defeituoso. Tinha somente um pedacinho dos braços, viera sem as mãos, que tantas maldades fizeram. As pernas eram pequenas, dificultando meu equilíbrio. Cego, tinha os olhos grandes e parados, dando-me um aspecto horripilante. Minha cabeça era maior que o normal e era mudo, porém, escutava perfeitamente. Era inteligente, entendia o que se passava comigo e ao meu redor.

Da minha mãe não me recordo, certamente fui um peso enorme a ela, que me abandonou, e um casal de velhos me criou. Diziam que me acharam na estrada quando tinha uns dois anos. Amava o casal, os meus pais adotivos, Frida e Berto. Ela me alimentava colocando comida na minha boca e me dando banho de vez em quando.

Dificilmente sentia ou ouvia mais alguém em nossa casa. Às vezes, escutava vozes e tinha medo, ia me esconder no meu cantinho, na minha cama. Isso porque escutava exclamações de espanto.

— Este menino é mais feio que o demo!

— Que menino horrível, coitado!

Frida e Berto não me achavam feio, pelo menos nunca disseram. Naquela casa era protegido, conseguindo me locomover por conhecer tudo, ali não passava frio, quando o vento forte soprava furioso. Minha cama era simples, um colchão no chão, meu lugar predileto, onde passava horas a escutar todos os ruídos e a pensar como seria lá fora. Frida passeava comigo perto da casa, que ficava perto de uma grande floresta. Meus pais adotivos saíam pouco, era Berto que fazia as compras, porém os dois se ausentavam em certas noites, só voltando de madrugada. Frida me recomendava:

— Firmino, nós vamos sair, fique na cama quieto e durma.

— Ora, mulher — dizia Berto —, como o menino irá entendê-la?

— Sei que me entende, é inteligente, aprende tudo que lhe ensino, é obediente. Não é, meu querido? — Acariciava-me, beijando-me, e isso me deixava feliz.

Não me importava de ficar sozinho, o ruim daquelas saídas era que quando voltavam estavam cansados e dormiam o dia todo e eu tinha que ficar quieto até acordarem, ficando com sede e fome. Embriagavam-se sempre, às vezes cantavam, era lindo escutar, riam alegres. Mas, outras vezes, brigavam e descontavam em mim. Sentia as pancadas, me encolhia todo e chorava; logo se arrependiam e me agradavam.

Assim foi minha vida até os nove anos. Um dia, escutei gritos de pessoas estranhas, ruídos que desconhecia, fui me esconder no meu cantinho. Temi ao escutar uma voz forte e alta.

— Estão presos, filhos do diabo! Velhos feiticeiros! Moram somente vocês dois aqui? Há mais alguém com vocês?

Escutei passos de muitas pessoas entrando pela casa e derrubando objetos.

— Ah! Que coisa feia! É o demônio em pessoa — disse alguém ao me achar.

— Incrível! Que é isto!?

— É somente uma criança, um menino enjeitado que acolhemos — escutei Berto explicando.

— Criança? Só pode ser o demônio! Vamos levá-lo também, os juízes saberão o que fazer com isto.

— Não tem braços? Como amarrá-lo?

— Passe a corda em seu pescoço, assim não fugirá.

Comecei a chorar assustado. Meu choro era estranho, não saía som da minha boca, mas ruídos parecendo ganidos. Arrastado por uma pessoa, colocaram-me numa carroça no meio dos dois velhos, o que me acalmou, parei de chorar. Percebi que os dois estavam amarrados.

— Fogo! Fogo em tudo!

Escutei o barulho do fogo estalando e senti a fumaça.

— Acabaram com tudo, Berto, queimaram nossa casa — Frida choramingou.

— Isso é o começo — Berto resmungou triste.

Frida me amparou com seu corpo, evitando que caísse durante o trajeto. A carroça parou, fui pego e separado deles, ficando sozinho num lugar abafado com cheiro desagradável que me repugnou, senti fome e sede. Tentava escutar as vozes dos meus pais adotivos na esperança de entender o que acontecia. Mas somente escutava lamentos e gemidos. Estava numa cela de prisão, onde fiquei horas.

De repente, ouvi a porta abrir rangendo, pegaram-me e conduziram-me a outro local, que pelo cheiro senti que era limpo. Percebi que estava rodeado por várias pessoas, esperançoso, pensei que acabaria aquela agonia. Porém, ouvi...

— Veja, monsenhor, o que encontramos com eles. Disseram-nos que o pegaram para criar. Algo tão horrível assim não é humano, somente pode ser o demônio.

Senti-me sendo observado, escutei risos.

— Será que é humano ou bicho?

— Filho de feiticeiros deve ser o diabo.

— Vamos ver se sente dor, torturem-no.

— Não, por favor! — Frida gritou. — Ele é um simples menino inocente. É filho de criação!

— Cale-se, velha maldita!

Escutei uma forte bofetada e Frida se calou, mas a escutei chorar.

Deitaram-me numa mesa fria e senti dores. Não conseguia entender o porquê e chorava somente, escutando risos e comentários maldosos. Desmaiei muitas vezes, sendo acordado com água fria em meu rosto. Arrancaram meus dentes, unhas dos pés, queimaram meu corpo e me bateram, fazendo-me sangrar muito.

— Já chega, senão morre por aqui. Levem-no.

Novamente me arrastaram, deixando-me naquele lugar abafado, com muitas dores, fraco, com fome e sede. Desmaiei muitas vezes, desejava acordar em casa, no meu cantinho, a escutar meus pais. Não tinha mais forças para chorar e me esforçava para entender o que acontecia.

Naquela agonia, via pelo espírito, fazendo-me confundir mais ainda, muitas pessoas, vultos estranhos a me maldizer. Pude me ver, também com outra forma, a cortá-los e torturá-los. Algumas das minhas vítimas me acompanharam nessa encarnação, se alegraram com meu sofrimento e tentavam fazer com que recordasse o passado.

Horas se passaram, novamente me pegaram e arrastaram, senti o ar frio da manhã, percebi que estava ao ar livre. Colocaram-me numa carroça e ouvi Frida.

— Firmino, coitado de você! Que lhe fizeram? Como está machucado! Tudo isso somente porque estava conosco. Meu menino, vamos a um lugar horrível, a Inquisição nos condenou. Mas você é inocente, não é filho do demônio, é de Deus! Peça a Ele, a Deus, piedade, pense forte, não esqueça, peça ajuda a Deus, seu Pai.

Então não era filho do demônio como diziam. Embora não entendendo, senti que ser filho do demônio era ruim. Se tinha um pai, como ele ia me salvar se nem o pai Berto conseguiu? Mas prestei atenção, disposto a obedecer.

— Deixe o menino, Frida, logo tudo acabará — escutei Berto.

A carroça parou, ouvi barulho de muitas pessoas, umas gemendo, outras gritando.

— Morram, bruxos! Filhos de Satã!

Pegaram-me e amarraram-me num tronco.

— Fogo! Fogo!

O barulho do fogo me apavorou, senti-o nos pés, senti calor, novamente meu espírito viu os meus inimigos me acusando:

— Merece isso, maldito! Sofre o que nos fez sofrer!

Senti o fogo a queimar minhas pernas, lembrei-me das recomendações de Frida e pedi: "Deus, se é meu Pai, salva-me! Livra-me destas dores, ajuda-me!"

O fogo queimava meu peito, a fumaça sufocava-me, fazendo-me sentir dores terríveis. De repente, me senti arrancado dali e acabaram minhas dores, não senti mais o fogo, senti que voava e adormeci.

Acordei num leito gostoso, fresco e cheiroso, ouvindo uma voz amável.

— *Quer água?*

Tomei a água oferecida, me senti muito bem.

— *Já é hora de falar e ver. Vamos tentar, Firmino?*

Esforcei-me, recebendo ajuda e querendo muito, comecei a enxergar, a falar e ter de novo os meus braços. Estava sendo socorrido numa colônia, num hospital infantil, onde achei tudo maravilhoso. Sentindo-me muito bem, pensei em desfrutar da vida tranquila que o educandário me oferecia. Lembrei-me dos meus pais adotivos e quis saber deles.

— *Onde estão Frida e Berto? Desencarnaram comigo, não os vejo!*

Uma bondosa orientadora esclareceu-me:

— *Seus pais adotivos eram feiticeiros, doaram suas almas às trevas e foram para o Umbral. Doaram seus espíritos, algo que não lhes pertence, a irmãos trevosos. Houve uma troca, aquelas entidades serviram seus pais enquanto estes estavam encarnados; agora que desencarnaram, devem servi-las. É impossível a você vê-los, seus caminhos são diferentes. Firmino, eles o criaram pensando em sacrificá-lo àqueles espíritos, esperavam a ocasião propícia. Mas gostavam de você e foram adiando.*

— *Será que iam mesmo me sacrificar?*

— *Talvez. Guarde as boas lembranças deles e ore por eles, são filhos de Deus como nós, embora tenham renegado esse fato. Um dia, arrependidos, entenderão a verdade e voltarão ao Pai.*

— *E os espíritos que vi quando era meu corpo queimado, os que me odiavam?*

— *Saciaram a sede de vingança. Quando se arrependerem, perdoarem serão socorridos, e seguirão o caminho deles. Sofreram e continuaram sofrendo por terem se negado a perdoar, esquecendo que todos nós somos carentes do perdão.*

O tempo passou.

— *Firmino* — explicou o orientador do grupo —, *em outra existência praticou muitas maldades, não poderá ficar aqui por mais tempo, deve voltar a encarnar.*

Entristeci, porém entendi que aqueles poucos anos num corpo deformado não me haviam mudado muito. Queria somente ser servido, não pensando em ser útil e não vibrando para merecer uma vida tranquila de uma colônia espiritual. Recordei pedaços da minha existência como Mark, amarguei o remorso. Compreendi como a visão é importante para todos e fui perdendo-a.

— *Firmino* — esclareceu-me bondosamente o orientador —, *ninguém lhe cobra nada a não ser você mesmo, o sofrimento que teve e que terá não é por regra, cada um tem o aprendizado pela dor que necessita. Sofrerá como muitos outros irmãos encarnados que não cometeram erros iguais aos seus.*

Querendo voltar à carne, encarnei. Chamava-me Daniel, era o quinto filho de um casal de lavradores. Era um garoto muito bonito, cabelo louro cacheado, olhos verdes e grandes, mas parados, sem vida. Encarnei cego, era mimado por todos os meus familiares. Era esperto, inteligente, aprendia tudo que me ensinavam, andava normalmente pela casa e a sua volta. Gostava muito de andar pelos arredores da casa, escutando os bichinhos, os pássaros, tentando imaginar o formato dos objetos e como seriam as cores, interessava-me por tudo que me cercava. Quando estava com cinco anos, num desses passeios, sozinho, entardecia, estava distraído brincando sentado na relva, senti que uma pessoa me pegou, amordaçou e amarrou colocando-me num saco; isso me deixou muito assustado. Fui jogado e, pelo barulho, percebi que era uma carroça, escutei respirações abafadas, entendi que não estava sozinho. Andamos muito, ou melhor, senti a carroça se locomover, acabei dormindo. Quando a carroça parou, tiraram-me do saco, soltaram minhas mãos, tirando-me a mordaça, colocaram-me em pé ao lado da carroça.

As outras crianças choravam, percebi que eram três adultos e três crianças tão pequenas como eu, sendo uma delas uma menina.

— Parem de chorar! Aqui tem água e pão, comam e bebam.

Percebi pelo ar fresco que era de madrugada, colocaram nas minhas mãos uma caneca com água e pão. Estava com muita sede e fome, tomei a água e comecei a comer a fatia de pão. As outras crianças choramingavam, mas, como eu, comiam o pão.

— Não chorem! Parem com isso! Aqui ninguém os escutará. Logo vocês terão novos pais.

— Papai! Mamãe! — balbuciei baixinho, não queria novos pais, comecei a chorar.

— Já chega! Vamos embora, subam!

Tentei fazer o que os outros faziam, mas não consegui, foi aí que perceberam o meu defeito físico.

— Este menino é cego! Seus olhos são parados. Vocês não perceberam isso? Que faremos dele? Ninguém vai querer comprá-lo — um dos homens se zangou.

— Podemos matá-lo e esconder o corpo — o outro respondeu.

— É arriscado demais, se descobrem...

Escutava tudo apavorado, sem conseguir entender direito o que diziam. A mulher decidiu:

— Mortes não! Deixe-o comigo, cuidarei dele. Vamos nos separar logo, partirei para a França e levarei o menino cego.

Escutei as risadas dos homens.

— Igette, você vai é esmolar com o menino cego.

Entre xingamentos e risadas, fui jogado na carroça. Ficamos juntinhos, assustados, sempre estava um a chorar, a chamar pelos pais. A menina não falava nada, chorava o tempo todo. Paramos várias vezes, nessas paradas nos davam água e pão. Quando a noite chegou, paramos e logo ouvi o barulho de outra carroça e, pela conversa, haviam chegado os que vieram comprar as crianças, escutei as transações. Com tudo acertado, foi dada a ordem:

— Todos descem menos o cego.

Os dois meninos desceram e a menina agarrou-se a mim, não querendo ir.

— Anda, menina, desça!

Senti que ela foi agarrada à força e ouvi os tapas que deram nela, foi embora chorando e gemendo. Fiquei sozinho, escutei a outra carroça partir e os três a repartir o dinheiro. O cansaço me fez adormecer. Acordei com a voz da mulher, senti o sol, estava alto.

— Menino! Menino, acorda! Como se chama?

— Daniel.

— Nome bonito. Eu sou Igette. Mas você somente me chamará de mãe. Entendeu? De mãe. Se não obedecer, surrarei você de chicote. Já foi surrado de chicote?

Neguei com a cabeça, nunca ninguém me surrara, sentia muito medo.

— Ora, Daniel, não fique triste. Serei boa mãe para você. Aqui tem doces. Gosta de doces? Fique com todos. Não pense mais na sua outra mãe, eles não gostavam de você. Foram seus pais que o venderam àqueles dois homens. Acho que não queriam mais você, mas eu quero!

Escutei sem falar nada. Com as mãos cheias de doces, fui comendo-os. Não conseguia entender, não sabia distinguir a verdade da mentira, mas sentia que meus pais me queriam e que não me venderiam. Não sabia o que fazer, sem enxergar não conseguia me locomover e estava com muito medo, fiquei passivo e Igette me agradou contando histórias, me deu banho e me vestiu com roupas cheirosas.

— Como está bonito! Daniel, vamos viajar numa carruagem muito importante. Não esqueça, meu bem, de chamar-me como ensinei, de mãe. Darei a você muitos doces.

Segui de mãos dadas com Igette, percebi que logo chegamos a uma cidade e fui acomodado em uma carruagem. Igette estava muito carinhosa comigo e comentava com outras pessoas:

— Sou uma pobre viúva com um filho cego! Como sofro!

A viagem demorou, paramos em muitos lugares, era bem tratado por todos. Na ilusão de criança, não me dei conta do que se passava realmente, estava gostando do passeio e dos agrados, mas também sentia muito medo de Igette, que estava sempre me ameaçando:

— Continue bonzinho, se desobedecer surrarei você.

Falava pouco e chamava-a de mãe. Quando chegamos ao nosso destino, numa pequena cidade, Igette alugou uma casa. Ela não era de trabalhar, logo tudo estava sujo e desarrumado. O dinheiro acabou, então ela me ensinou a esmolar. Aprendi tudo rápido, passei a esmolar com ela, depois sozinho. As lembranças dos meus pais e irmãos foram escasseando e, se comentava algo sobre eles, Igette ameaçava-me aos gritos, chegando às vezes a me bater, e nunca me disse nada sobre eles.

Dois anos se passaram, eu esmolando e sustentando Igette. Então ela arrumou um amante, Will. Ele gostava de beber e estava sempre embriagado. Um dia, meteu-se numa briga e tivemos que fugir e nos esconder. Ele conhecia bem as montanhas e nos levou para lá, onde tinha uma casinha abandonada e passamos a habitá-la. O lugar era de difícil acesso, ninguém passava por lá.

Will, animado por ter escapado, reformou a casa e pôs-se a trabalhar, cercou-a e fez uma horta, roubaram galinhas e umas ovelhas e começaram uma pequena criação. Quando Will não bebia, era trabalhador, tratava-me bem. Ensinou-me a andar pelas redondezas, a lidar com animais, a cuidar da horta. Sentia-me muito bem ali, mas o perigo passou e Igette e Will começaram a ir à cidade e a beber novamente, a brigar e a me agredir, batendo-me às vezes. Já estava mocinho e exigiam muito de mim, passei a servi-los, trabalhando muito, mas, não esmolando mais, me fazia suportar tudo. Will ensinou-me a ir à cidade, orientando-me pelo vento, a sentir o tempo. Acompanhava-os às vezes nas suas idas à cidade e a todos falava com orgulho:

— Este moço é cego! É nosso filho e põe debaixo do braço qualquer um de vocês. É esperto e faz tudo sozinho.

Mas essas idas à cidade acabavam sempre em grandes bebedeiras e numa delas, quando chegaram em casa, me bateram tanto que fiquei todo ensanguentado. Pensei em fugir, mas logo cedo saíram novamente para ir à cidade e não regressaram. Os dias passaram e resolvi ir à cidade para ver o que acontecera.

— Seus pais foram embora com os ciganos — informou o comerciante.

Fiquei feliz, a casa seria somente minha. Muitas vezes pensei em ir à procura dos meus pais verdadeiros e da minha família;

não tendo mais ninguém para vigiar-me poderia ir. Mas não seria fácil, não sabia meu nome completo, lembrava-me de três nomes dos meus irmãos e não sabia onde moravam. Sabia que não era na França, pois aprendera a falar francês ao chegar com Igette. Talvez morassem na Inglaterra, mas onde? E como ir? Acabei por desistir.

Sozinho, pus-me a cuidar de tudo, tranquilamente continuei a trocar os meus produtos pelo que me faltava com um bondoso comerciante. Os anos foram passando.

Num dia, ao voltar da cidade, ouvi ao longe um chamado de socorro, seguindo o som da voz fui para lá. Os gritos vinham de um barranco não muito fundo, mas perigoso pelas pedras que o circundavam. Por muitas vezes, andara por ali com Will.

— Calma! Calma! — Tentei fazer com que parasse de gritar e conversasse para saber onde estava.

"Meu Deus!" — pensei. "Que faço? Não posso deixá-lo aí e ir pedir socorro, poderá cair e morrer. Devo tentar salvá-lo."

Estava com uma corda que usava para amarrar as ovelhas, amarrei-a em uma forte árvore e fui descendo, orientado pela voz de João. "Na volta — pensei —, ele me orientará e subiremos mais facilmente". Com alívio cheguei até ele.

— Machucou-se?

— Não, somente me arranhei um pouco.

Pelo menos não estava ferido, isso facilitaria.

— Como caiu? Quantos anos tem?

— Dezesseis, senhor. Sou cego!

"Meu Deus! — pensei. — Um cego guiando outro. Que faço? Ficar aqui não resolverá nada. É melhor subir".

Amarrei a corda em sua cintura.

— Segure aqui.

Fui subindo devagar, com uma mão apalpava, com a outra segurava a corda e puxava o outro, conseguimos subir. Logo iria anoitecer, convidei-o para ir a minha casa e ele aceitou. Em casa dei a ele água fresca e alimentos. João me contou sua história.

"Coitado — pensei —, é tão triste perder a mãe, é tão só quanto eu".

Convidei-o para ficar comigo e ensinar-lhe a vencer as dificuldades e a fazer o que era necessário sozinho.

Mesmo sem querer, Igette e Will me ensinaram muito. Sua mãe, querendo poupá-lo, não deixou que ficasse autossuficiente.

Tornamo-nos amigos, sentia-me responsável por ele e que deveria ajudá-lo. E assim o fiz, ensinei-lhe tudo o que sabia, mas João tinha um gênio difícil, exigindo muito de mim. Nossa vida foi simples, trabalhando na horta, cuidando das criações e trocando nossos produtos, assim se passaram os anos...

João ficou doente, preocupei-me com ele, comprei remédios na cidade, dei-lhe chás, mas foi piorando. Tossia muito e tinha febre, que por vezes o levava a delírios, dizendo nomes estranhos, chamando-me de Mark, falando de vítimas e torturas. Piorando, chegou a vomitar sangue e não saiu mais do leito, numa crise desencarnou em meus braços. Senti muita falta de meu amigo; enterrei-o ao lado de um canteiro de flores perto de casa, flores de que o João cuidara com tanto carinho. Enrolei-o num lençol e com profunda tristeza joguei terra em cima.

Por cinco anos vivi sozinho, cansado e velho, fazia tudo vagarosamente e sem entusiasmo. O reumatismo castigava-me e andava com dificuldades. Conversava somente quando ia à cidade. Comecei a pensar na morte.

"Morrerei só, não terei ninguém para enterrar-me."

João havia me ensinado a orar. Passei a orar com fé e a pedir a Deus que não me deixasse morrer sozinho e ficar sem ser enterrado, não queria enfear meu lar com a decomposição do meu cadáver. Para mim aquele lugar na montanha era lindo, amava-o. Agradecia a Deus por ouvir, compreendia cada barulho, gostava de escutar os pássaros, a chuva, os animais, o vento e o balançar das folhas nas árvores.

Mas foi na porta do estabelecimento do comerciante com quem por tantos anos permutei mercadorias que caí desencarnado por um infarto. Bondosamente, ele arrumou para que fosse sepultado no cemitério, ficando com minhas mercadorias para as despesas, como também foi à minha casa e pegou o que era útil.

Deus atendeu-me, as preces sinceras sempre são ouvidas, não desencarnei sozinho e fui enterrado. Perturbei-me com a morte de meu corpo, demorei dias para entender o que havia acontecido. Socorrido, espíritos bondosos explicaram-me que desencarnara e me levaram para um posto de socorro. Lá encontrei meus pais, foram eles dois dos meus antigos servos no laboratório. Reconciliamo-nos, entendemos o porquê de termos sofrido, mas especifico que nem todos que sofrem ou sofreram como nós podem ter feito o que fizemos. Cada sofrimento é um aprendizado e as causas podem ter sido diferentes. Meus pais sofreram a dor da separação de um filho e eu sofri a ausência dos pais e privado da visão. Como irresponsável no passado, fiz muitas pessoas ficarem cegas.

Ao lembrar de minhas outras existências, entristeci-me, entendi o porquê de João ter voltado à carne. Quando nos sentimos endividados, ninguém nos cobra, nós mesmos sentimos a vontade e a necessidade de equilibrar-nos com a Lei Divina para ter a paz.

Procurei ser útil no posto de socorro e meditar nas lições que ouvia, quis reencarnar perto de João, desse espírito de convívio entre erros e sofrimentos e, quando chegou a oportunidade, encarnei.

Fui Pierre, primeiro filho de Michel, e nos amamos muito, reconciliamo-nos de verdade. Tive uma vida simples naquela pequena cidade, gostava de trabalhar, fazia qualquer serviço contente, desde pequeno ajudei meu pai no armazém. Como meu pai, não tive religião, era retraído, quieto, não gostava de pessoas preguiçosas. Logo na mocidade, descobri que era impotente, sofri muito com isso, vi todos meus irmãos casarem e ter filhos. Fiquei solteiro, dedicando-me muito ao trabalho. Sempre morei com meus pais e senti muito quando desencarnaram. Estava com cinquenta anos quando fiquei doente, e os médicos não conseguiram descobrir o que tinha, era uma doença rara nos rins, inchei muito, parecia que ia estourar, sofri muito por dois anos. Desencarnei e fiquei perturbado, continuando em casa, pensando estar no corpo carnal. Se não aproveitei a existência para fazer obras úteis ou aprender, também não havia feito o mal e sofri com resignação. Um dia, sentado na varanda e sentindo-me muito triste, vi aproximando-se de mim uns senhores muito simpáticos que me convidaram para um tratamento num hospital. Aceitei contente e parti com os socorristas para um hospital em um posto de socorro, onde vim a saber que desencarnara. Orei pelo meu pai e quando ele também foi socorrido nos abraçamos comovidos. Quantas vezes desencarnamos? Inúmeras. E nem os nossos próprios desencarnes são iguais. O socorro é a primeira colheita das nossas boas obras. Muitas vezes é pelo sofrimento que nos ligamos ao bem e somos socorridos. Não importa se numa encarnação fomos socorridos de imediato e em outras não. O socorro depende de nós mesmos e, enquanto não ficarmos firmes no aprendizado recebido, essas variações acontecem.

Michel e eu combinamos ser médicos novamente, nos preparamos e, cheios de esperanças, reencarnamos.

3

APRENDENDO A DAR VALOR

Encarnei na França, chamava-me Huts, tendo por irmão mais velho Gert, amigo e companheiro. Nossos pais brigavam muito. Nossa mãe tinha uma preferência por mim, não conseguia entender, ficava chateado por ver Gert desprezado. Após tantas brigas, nossos pais resolveram se separar.

— Fico com Huts, ele é o caçula, necessita mais da mãe, fico com ele! — ela gritou para meu pai.

Fomos separados sem sequer opinar, parti com ela para a Hungria, onde moravam meus avós maternos. Estranhei o país, os costumes, e chorava a falta de meu irmão, queria estar com ele, não me importava em ficar com meu pai ou com minha mãe. Meus avós eram ricos, moravam numa bela e grande casa e ficamos morando com eles. Escrevia sempre a Gert, adorava receber notícias dele. Por ele, soube do casamento do meu pai e dos meus meios-irmãos. Ao contrário do meu pai, minha mãe não mais casou, dedicando sua vida somente a mim.

"Huts, você é lindo! É tudo para mim, é tudo que tenho!" — afagava-me em carinho.

Autoritária, controlava-me e resolvia tudo por mim. Quando optei por estudar, ela não gostou, mas medicina era minha paixão e acabei por convencê-la. Formei-me com facilidade e meu avô me deu de presente uma viagem à França. Como fiquei contente em rever Gert, que, como eu, estudava medicina e acabava de se formar. Ao vê-lo senti uma pontinha de inveja, vivia bem com meu pai, era livre para fazer o que quisesse. Conversamos, trocamos ideias, visitei escolas e hospitais. Minha mãe insistia na minha volta. Embora gostando da liberdade que desfrutava, voltei temendo que adoecesse.

Meu avô, já velho, começou a me passar as responsabilidades das suas propriedades, o que ocupava muito do meu tempo e impedia que me dedicasse como queria ao meu trabalho de médico.

Casei com uma moça que minha mãe achou que me convinha, rica e muito educada. Viajamos, minha esposa e eu, para a França, onde revi Gert, que também se casou. Não me demorei dessa vez, mas fiquei todo o tempo possível conversando com Gert, nos entendíamos em tudo.

Meus avós morreram e tive que passar a administrar as propriedades que passaram a pertencer a minha mãe e mais o patrimônio de minha esposa. Levando uma vida social agitada, entre festas e viagens, a medicina, de que tanto gostava, ficou em último plano, se atendia alguém era dentre nossos amigos e familiares. Acabei por seguir os conselhos de minha mãe:

— Deve deixar a medicina para os que necessitam ganhar a vida, você não precisa, é rico. Não deve clinicar, não é bom ter contato com pessoas doentes ou pobres sujos e ignorantes.

Minha mãe morava comigo, nunca deixou de me controlar, de facilitar tudo para mim, de resolver todos os meus problemas. Vivi fora da realidade, mimado, tendo tudo facilmente, nem percebi que minha esposa sofria e que era minha mãe que mandava em tudo, até nos meus filhos. Tinha três filhos, estava com trinta e oito anos. Para comemorar os sessenta anos de minha mãe resolvemos viajar para a França. Muitos dos nossos amigos nos acompanharam. Gostava de viajar, ia contente com a ideia de rever Gert e conhecer meus sobrinhos.

A viagem transcorreu calma, sem problemas, até que fomos assaltados. Pegos de surpresa, quando havíamos parado para descansar à beira de um riacho. Sob ameaças, ficamos quietos e pegaram nossas joias, dinheiro e roupas. Já iam embora quando um dos assaltantes pegou minha filhinha de três anos.

— Vamos levá-la como refém, quando estivermos a salvo a soltaremos na estrada.

Apreensivo, avancei sobre ele, tentando impedir que a levasse. Ele a soltou, ela correu para minha esposa e lutamos corpo a corpo. Covardemente um outro bandido me feriu nas costas. Fugiram rápido, nos deixando muito assustados.

Eu era o único médico ali, sentia que perdia muito sangue. Com dificuldade fui falando o que deveriam fazer comigo. Lutei para não morrer, sabia que não aguentaria muito tempo. Revi meu passado como num filme, todos os fatos importantes passaram na minha mente, minha infância, alguns acontecimentos que nem mais recordava. Também me vi retalhando pessoas.

VERA LÚCIA MARINZECK DE CARVALHO ditado por ANTÔNIO CARLOS

"Que fiz na minha vida? Meu Deus, o que fiz? — indaguei. — Por que não me dediquei à medicina, que tanto amei?"

Chamei minha esposa, aproveitando que minha mãe, num ataque de desespero, desmaiara.

— Prometa educar nossos filhos, não mimá-los como fui mimado.

Tranquilizei-me com seu sim, minha mãe voltou do desmaio e gritava desesperada.

— Por que Huts impediu que a levassem? Tudo podia acontecer, menos com ele! Viva, meu filho! Não morra!

Haviam ido buscar socorro, enfraquecia e sabia que era inútil, sentia que ia morrer. Pensei, agoniado, que se me tivesse dedicado à medicina não teria tempo para tantas futilidades, não teria viajado. Arrependido de não ter aproveitado para trabalhar, ser útil, desencarnei triste e muito amargurado.

Minha mãe não se conformou com meu desencarne, desejou vingar-me, ofereceu recompensas pela captura dos bandidos. Mamãe chorava lamentando, chamando-me inconformada, e, atraído pelos seus lamentos, fiquei vagando ao seu lado. Ela me segurava, confuso, ora chorava, ora tinha piedade de mim. Por muitas vezes quis me ausentar, sabia que desencarnara, mas, se saía de perto dela, ela se desesperava e me atraía novamente. Minha esposa quis voltar ao lar paterno e foi amaldiçoada, minha mãe queria que todos sofressem como ela. Mas minha esposa era jovem e pretendia fazer o que me prometera, mas tinha medo de minha mãe. Voltou à casa dos pais e logo casou novamente, refazendo sua vida.

Minha mãe não se conformava com o meu desencarne e passou a agir como se eu ainda estivesse encarnado, a fazer o que gostava, a conversar comigo, deixando-me muito perturbado, e fiquei como que amarrado ao seu lado.

Um espírito pode obsedar um encarnado por várias razões, por vingança, por não compreender seu estado de desencarnado, até por paixão. Mas, amando de forma excessiva e errada, não compreendendo as leis tão simples e naturais de uma desencarnação, pode o encarnado segurar ao seu lado o ente querido desencarnado. Quantos pais aflitos, inconsoláveis, pensando que a morte os separou para sempre, ou que o ente querido acabou, sofrem em desespero, prejudicando quase sempre aquele que ama. Minha mãe fez isso comigo, segurou-me ao seu lado. Muito sofri, ora pensava que enlouquecera ou mesmo julgava-me encarnado.

Minha mãe adoeceu, chamava-me sem parar.

— Huts, ajude-me! Dói a perna, o braço. Cure-me, filho!

Desesperado, tentava ajudá-la sem conseguir, até mesmo agravando seu estado com meu desespero e perturbação. Estávamos ambos doentes. Em agonia, desencarnou, vi seu corpo morrer, seu enterro, entendi e tive a confirmação de que também desencarnara. Logo que mamãe acordou do sono que teve ao desencarnar, voltou ao lar e continuou como encarnada, a sofrer e a chamar-me.

Estava cansado, chorava muito, comecei a orar, arrependido da vida vazia que tive.

— *Meu Deus*! — roguei —, *a morte não deve ser só isto. Deve existir um lugar aonde vão todos que morrem. Onde está o Céu ou o inferno? Por que fico aqui? Acode-me, Jesus! Quero descansar, ter paz. Perdoa-me!*

Estava sendo sincero, clamei por misericórdia e fui socorrido, separado de minha mãe, que tempos depois também foi socorrida. Vim a saber que minha mãe fora Igette, que, querendo reatar comigo, amou-me em exagero, prejudicando-me.

Ficamos juntos, entendemos nossos erros. Se tivesse sido uma pessoa que praticara o bem, boa, ela não teria conseguido fazer o que fez. Passamos aquele período de sofrimento por vibrar egoisticamente. Igette reencarnou na família, sendo neta da nora que tanto atormentara. Hoje Igette está bem, é feliz.

Pensei muito nesse período que passei desencarnado. Tive medo de voltar com posses porque sabia que meu amor pela medicina me levaria a estudar novamente. Com medo de errar, pedi para encarnar pobre. Porque somente não erramos mais quando realmente aprendemos a lição.

Um espírito tem muitos motivos para desejar ardentemente encarnar. Quando ama a vida encarnada mais que a espiritual. Quando o ego pessoal é atraído à vida física como o ferro ao ímã. Para esquecer o passado e se ver livre do remorso. Poucos querem encarnar para aprender e progredir. Eu ansiava encarnar porque não me achava digno de viver desencarnado, desfrutando da liberdade e das belezas de um posto de socorro ou colônia. Querendo encarnar e provar a mim mesmo que vencera meus vícios, desejando regressar vitorioso, pedi ardentemente a oportunidade de reencarnar. Pensei no Brasil, uma terra nova que começava a se colonizar e tão necessitada de espíritos trabalhadores.

Conheci, na colônia, Xing, um chinês que quando encarnado fora médico, errara e queria muito acertar. Prometeu ajudar-me.

— *Ajudarei você do lado de cá. Trabalharemos juntos. Você me verá, escutará, será médium, um sensitivo, sofrerá incompreensão por isso.*

— *Vou me acostumar, não reclamarei, isso me dará confiança. Trabalharemos juntos!*

Nasci e passei a infância numa pequena aldeia em Portugal. Recebi o nome de Joaquim. Não era um menino igual aos outros, era sincero, espontâneo, criava confusões na família com adivinhações e por ler os pensamentos das outras pessoas.

— Você vai cair da cadeira! — exclamava.

— Ufa! Você é culpado! Mãe, o Joaquim disse que eu ia cair e caí!

Tudo o que falava acontecia, não que fosse o culpado, sentia que ia acontecer e acontecia, principalmente com meus irmãos. Minha mãe se preocupava comigo, me levou ao médico, que disse, após me examinar:

— Seu filho é sadio, nada tem de anormal. É somente imaginação e coincidência.

Foi aos cinco anos que levei minha primeira surra, ao dizer a minha tia que seu esposo tinha outra mulher. Não entendi por que mamãe me surrou, não compreendia o que se passava comigo. Ela me ensinava a não mentir e eu dissera a verdade. Fui tachado pelos familiares, para desgosto de minha mãe, de desequilibrado, doente mental. Mas, na escola, aprendia rápido, sendo o melhor da classe, gostava de estudar e aprender.

Fiquei na escola por dois anos, sabia ler e escrever corretamente, meus pais me tiraram para trabalhar no campo e porque as reclamações eram muitas. Sabia o que pensavam os outros, desmentia os colegas e professores, tudo que falava acontecia. Para mim, era normal, falava sem dificuldade, mas não era para os outros.

Estava sempre sendo surrado, ou pelos meus pais ou pelos irmãos mais velhos. Comecei a ser temido, ora diziam que era possuído pelo demônio, ora diziam que eram espíritos maus que se aproximavam de mim. Sem entender, sofria a incompreensão dos meus.

Um dia, ao dizer que uma vizinha mentia, minha mãe trancou-me no porão de minha casa, onde passei dois dias sem comer e no escuro. Tinha quase dez anos. Chorei, senti muito medo, não sabia como agir, foi então que vi uma luz linda que clareou o ambiente, enchendo-me de coragem e alegria. Vi um homem, um chinês, que me consolou:

— *Joaquim, não tenha medo, somos amigos. Estamos todos vivos, os que morrem vivem em espírito e você, que tem corpo físico, vive em estado encarnado. Sou um espírito, seu amigo, e vim ajudá-lo. Não é tão ruim assim o que sente e vê, você é diferente das outras pessoas, poderá ajudar a muitos necessitados.*

— Eles não entendem isso! Estou de castigo e não fiz mal algum.

— *Não se revolte, entenda-os. Para evitar castigos, não diga a ninguém o que sente e vê, guarde só para si. Somente fale se o indagarem. Entendeu?*

— Você passou pela porta fechada?

— *Sim, espíritos atravessam a matéria.*

— É mesmo, meu amigo?

— *Sou seu amigo e sempre que quiser conversar comigo estarei ao seu lado. Mas não diga a ninguém, não entenderão e dirão que mente. Chamo-me Xing.*

— Se nada disser não me castigarão. Gosto de você!

— *Vou ajudá-lo, farei você dormir, assim o tempo passará rápido.*

Dormi quase o tempo todo e, quando mamãe me tirou de lá, falei com firmeza.

— Mamãe, não vou falar mais nada do que vejo.

— Deus o ouça!

Assim fiz, tornei-me tímido e solitário, afastando-me das pessoas. Não falei mais nada do que via ou sentia, conversava somente com Xing e, às escondidas, aprendi a dialogar com ele mentalmente. Trabalhava com meu pai na lavoura, não saía de casa, meus familiares tratavam-me com desprezo.

Um dia, ao dar um passeio na floresta, encontrei um senhor idoso e conversamos bastante. Contei a ele meu problema.

— Joaquim, o que sente, vê, não lhe deve fazer infeliz, esse fato não é raro como julga, muitas pessoas são como você. Possui dons que se usados com sabedoria poderão fazer muito bem, tanto a você como a outras pessoas. Ajudarei você a entender suas faculdades.

Com simplicidade esse senhor foi explicando o que ocorria comigo, era médium. Passamos a nos encontrar sempre e ele me ensinou a benzer, a usar ervas como remédios. Um dia encontrei sua cabana vazia, vim a saber que desencarnara como vivera, sozinho e calmamente.

Estava com dezenove anos e em Portugal falava-se muito da América, da Colônia do Brasil. Senti vontade de partir, de viver nas terras novas do Brasil, e Xing incentivou-me.

— *Joaquim, no Brasil, iniciará vida nova. Lá não existem tantos preconceitos contra suas faculdades e poderá auxiliar outras pessoas.*

Pensei bem, resolvi partir e comuniquei aos meus.

— Parto para o Brasil, vou morar lá.

— Sozinho?

— Sim, com Deus.

Minha mãe foi a única a sentir, os outros suspiravam aliviados, era uma preocupação a menos. Tinham medo de mim, do que poderia dizer deles, e me advertiam:

— Sorte sua é que a Inquisição não mata mais, senão ia para a fogueira.

Pela primeira vez, entusiasmei-me com algo, todos me ajudaram com o dinheiro necessário para ir. Arrumei meus pertences e, contente, me despedi deles. Minha mãe chorou, me abraçando:

— Joaquim, juízo, não fale a ninguém das suas esquisitices. Prometa-me!

— Pode ficar descansada, terei cuidado e não falarei nada.

Achei lindo o navio e me encantei com a imensidão do mar. Foi uma viagem desconfortável, cansativa, mas sem problemas. Todos os imigrantes buscavam uma nova vida nas terras brasileiras, estávamos esperançosos e cheios de sonhos.

Sentia Xing sempre muito perto de mim. Conversávamos, trocando ideias, mas tendo o cuidado de nada comentar com os outros passageiros para não ter problemas, como mamãe me aconselhara.

Chegamos, muito se falava das belezas do Brasil e vi contente que não era exagero. Desembarquei em Santos e procurei um lugar para ficar. Acomodei-me em uma estalagem simples, perto das docas, e foi onde arranjei emprego.

Espantei-me com a escravidão, não me conformava ao ver os negros cativos sendo obrigados a trabalhar para os brancos.

— *Tudo isso é passageiro* — dizia-me Xing. — *Estamos de passagem na Terra, uns vão, outros vêm. Seja bom com eles, a cor da pele não difere os espíritos.*

Gostei do meu trabalho, contava sacos, peças a serem exportadas. Ganhava pouco, mas estava dando para viver modestamente. Escrevi logo para minha mãe contando tudo e dizendo que estava gostando da nova terra. As cartas levavam meses para chegar ao destinatário, iam de navio.

No porto, todos os negros trabalhavam como estivadores, trabalhando muito, alimentando-se mal e eram muito castigados.

Não podia ver um sendo surrado que me revoltava, esforçava-me para não agredir fisicamente os feitores. Mas irava-me e desejava-lhes mal. Comecei a notar que isso os deixava doentes e que eu também estava ficando.

— *Joaquim* — esclareceu-me Xing —, *ao desejar bem ou mal a alguém, fica em nós uma parte do que desejamos. Pensamentos emitidos são fluidos que tanto podem nos ajudar como prejudicar. Você tem força mental. Ao desejar-lhes mal, prejudica a eles e a você. Todos nós devemos ter cuidado com o que pensamos. Veja todos como irmãos, os escravos como espíritos que colhem e os feitores como os que plantam. Embora estes cumpram ordens. Mas quem abusa dos mais fracos um dia sofrerá por esse ato.*

— Penso que tenho de mudar, isso não está me fazendo bem.

Pensei em me locomover para o interior, quando recebi uma carta do meu irmão informando que minha mãe falecera após minha partida. Escrevi-lhes pela última vez, dizendo para não se preocuparem comigo e que não ia escrever mais. Quem se preocupava comigo era minha mãe. Com sua morte, acabara o vínculo familiar.

Pelas docas sabia-se de muitas coisas, as fazendas no interior estavam necessitando de pessoas para trabalhar além dos negros. Foi assim que, contratado, parti com uma turma que viera comprar escravos.

Os escravos não eram maltratados, mas iam tristes, infelizes, saudosos, falavam pouco e nunca sorriam. Como é triste ver irmãos subjugando irmãos. Deus nos fez livres, é um desrespeito muito grande escravizar a outros. No caminho, cuidei de um escravo que tinha uma ferida na perna e fiz o parto de uma mocinha com muito êxito. Como Xing dissera, acharam normal e fui bem-vindo entre eles e, logo que chegamos, espalharam a notícia pela fazenda.

— Joaquim benze e cura com ervas.

Gostei do lugar, a fazenda era grande, com muitas árvores, plantações de café e muito gado. Meu trabalho consistia em guardar como vigia a casa-grande. Não gostei, mas era o que um branco arrumaria numa fazenda. Amei o lugar, era sossegado, bem arrumado e seu dono uma pessoa boa.

Gostava de conversar com os negros e me fiz amigo deles. Escutava suas histórias, quase sempre tristes, e com eles aprendi suas crenças. Entre eles, destacavam-se Mãe Jovina e Pai Tarcílio, velhos negros vindos da África, que conheciam muito do sobrenatural, que denominavam feitiçaria. Gostei muito deles e ensinaram-me a usar a força mental para o mal e para o bem. Mas o mal não me atraía, sentia que já sofrera muito por esse caminho e dediquei-me ao bem. Gostava de atender a todos, curando-os como sabia, passei a ser para eles como um médico. Pela minha amizade com os dois velhos feiticeiros e pelas minhas benzeções, acabei sendo conhecido pelo apelido de Feiticeiro.

Não cobrava nada. Além do mais, meus clientes eram mais pobres do que eu, mas os colonos estavam sempre me presenteando com alimentos, roupas, objetos simples. Eles me respeitavam e me eram gratos.

O emprego me incomodava e também impedia de atender a qualquer hora. Na fazenda havia um morro, lugar muito bonito com uma nascente d'água. Pedi ao senhor da fazenda para residir lá, ele permitiu e construí uma pequena casa na qual fui morar. O caminho era fácil e todos da redondeza iam lá com facilidade. Plantei árvores frutíferas, cultivei uma horta e muitas ervas, criava também os animais que me doavam.

Passei a levar uma vida simples, somente saía do morro para atender alguém que não podia ir até lá. Atendia todos que me procuravam e também cuidava de animais doentes. Não havia médicos pela redondeza e o facultativo mais próximo ficava a quilômetros de distância, na cidade. Ali vivi solitário, mas era muito feliz.

— Feiticeiro! O patrão o chama. Uma cobra picou o sinhozinho!

Era o capataz da fazenda me chamando. Peguei minhas ervas e fomos para a casa-grande. Com a ajuda de Xing, salvei o mocinho.

— Graças a Deus, meu filho está bem — aliviado e contente o senhor da fazenda me agradeceu. — Quero recompensá-lo, Feiticeiro, é bom e útil a nós todos, salvou meu filho, poderá ficar para sempre no morro e vou lhe dar alguns presentes.

Presenteou-me com alimentos e móveis, o excesso dei para meus doentes. Aquele fazendeiro era bom, não maltratava os escravos e realmente nunca me incomodou.

Um dia, trouxeram-me um garoto de oito anos para que examinasse. Chamava-se Alfredo. Ao vê-lo, reconheci nele um espírito querido e senti muita emoção.

— Você é meu conhecido. Somos amigos! Gosto de você, virá um dia trabalhar comigo.

Alfredo era sadio, estava somente com vermes, sarou logo, via-o raramente, mas estava sempre perguntando por ele.

Os anos passaram. Moço, Alfredo procurou-me. Seu pai estava adoentado, estava muito mal. Não pudemos fazer nada, à noite desencarnou. Alfredo interessou-se pelo que fazia e passou a visitar-me, passei a ensinar-lhe o que sabia. Aprendia rápido, era inteligente e tinha enorme vontade de aprender.

— Venha morar comigo, Alfredo, aqui aprenderá e me ajudará. Façamos um outro cômodo que lhe servirá de quarto.

Alfredo veio, combinávamos muito e passei a ser um pai para ele. Ensinei-lhe tudo que sabia, dei-lhe meus livros e apontamentos e passou a atender comigo as pessoas.

— Vou deixar você em meu lugar. Um dia irei embora para o mundo espiritual, você ficará aqui, ajudando essas pessoas simples e boas.

Já estava velho e cansado, não aguentava descer o morro, Alfredo cada vez mais fazia o meu trabalho e logo ganhou o apelido de Curandeiro.

Desencarnei dormindo para acordar em espírito nos braços de Xing e outros amigos agradecidos. Chorei de felicidade, logo compreendi que desencarnara. Como é bom sentir-se bendito, ver-se cercado por pessoas agradecidas, querendo retribuir os benefícios. É na hora do desencarne, da morte do corpo, que recebemos a primeira colheita. Como Mark, fui maldito, o desespero acompanhou-me juntamente com minhas ações. Então, como Joaquim, espalhei o bem e as obras novamente me acompanharam, dando-me alegrias e enorme bem-estar.

Agradeci a Xing.

— *Meu amigo, lhe sou grato. Muito me ajudou.*

— *Joaquim, trabalhamos juntos, somos companheiros. Agora, voltarei à carne, reencarnarei na China. Volto com o firme propósito de acertar. Quem faz, para si faz. O bem que fiz com você me fortaleceu.*

— *Xing, não poderei ajudá-lo. Quero continuar aqui, no Brasil. Quero ajudar Alfredo, sabe que uma grande amizade nos une, a ele devo orientar.*

— *Compreendo. É aqui o seu lugar. Não se entristeça por não me acompanhar, quem ajuda é ajudado. Nada deve ser feito esperando recompensas. Ajudei a você ajudando a mim mesmo. Quem faz aprende e conhecimentos adquiridos são nosso patrimônio, que a traça não rói, o tempo não envelhece.*

Despedimo-nos. Xing partiu contente, com grande confiança, e, de fato, voltou vitorioso, exerceu a medicina com sabedoria, foi médico de todos, ricos e pobres, atendia doentes e não pessoas com distintivos de classe.

Fiquei com Alfredo, trabalhamos juntos, curando pessoas com ervas, ele doutrinava os espíritos que acompanhavam os encarnados e eu os levava para um posto de socorro.

Anos se passaram, Alfredo desencarnou e pude desligá-lo e orientá-lo.

— *Vamos estudar agora, Joaquim, saber para ser útil. Quero ser médico novamente.*

Alfredo estava entusiasmado, fomos a uma colônia e estudamos medicina. Ele se preparou contente para reencarnar.

— *Volta você, Alfredo, quero permanecer mais um tempo aqui.*

— *Tem medo do passado?* — indaguei ao meu companheiro.

— *Nossos erros pertencem ao passado, não podemos mudá-lo. Devemos pensar no que estamos fazendo agora porque é o que determinará nosso futuro, os acontecimentos da nossa próxima encarnação. Não tenho medo do passado, quero construir no bem meu futuro.*

— *Sinto-me forte, tenho vontade de provar a mim mesmo que desta vez voltarei vitorioso. Volta ao meu lado, continuaremos juntos* — pediu meu amigo.

— *Não mereço ter uma família* — lamentei.

Despedimo-nos, Alfredo voltou para aquela região em que vivemos. Agora era filho de um fazendeiro e poderia estudar. Foi Maurício, ia sempre visitá-lo, não era médium, não me via, mas sentia os fluidos de carinho, um bem-estar agradável quando estava perto dele. Estudou, formou-se e começou a clinicar. Casou e pensei então em retornar.

— *Um dia temos que provar a nós mesmos que de fato aprendemos, que dominamos nossos maus instintos* — comuniquei ao meu instrutor. — *Quero ser órfão, lutar pela vida, aprender a dar valor à família, essa instituição tão linda. Reencarnarei entre os colonos da fazenda da esposa de Maurício, confio que ele me ajudará.*

Recebi as últimas orientações dele e indaguei-o:

— *Será que já quitei todos os meus erros?*

— *Não deve se preocupar com isso, aquele que conhece a verdade, que ama, recebe a oportunidade de reparar seus erros pelo trabalho edificante. Sempre temos oportunidades de reparar os erros pelo amor, pelo trabalho, de conhecer a verdade e de nos libertarmos de nossas atitudes negativas. São como muitos médiuns na Terra, cuja mediunidade é uma oportunidade que tanto pode ser para reparar erros como para progredir espiritualmente. E tantos julgam que estão fazendo o bem somente a outros, esquecendo o bem enorme que fazem a si mesmos. Entretanto, como aconteceu a você e tantos outros, desprezando a oportunidade, resta a dor para nos ensinar a não errarmos mais. Porque todos nós teremos que purificar nosso perispírito dos atos equivocados. Purificamo-nos pelo amor ou pela dor. Somente, meu caro, lembro-o de que esse amor é o sentimento puro e não o deturpado pela maioria dos homens. Vá, trabalhe, repare erros, qualquer trabalho no bem leva-nos ao progresso. Boa sorte!*

Abraçou-me sorrindo. Voltei confiante.

4
ANTÔNIO

Reencarnei e recebi o nome de Antônio. De meus pais verdadeiros pouco recordava, moravam numa fazenda grande, ficaram na minha mente as feições de minha mãe, Tereza, a mulata bonita. Meu pai fora capataz na fazenda e minha mãe, escrava. Morreram praticamente juntos. Órfãos, eu com quatro anos e minha irmã, Francisca, com dois anos, fomos levados para a cidade pela sinhá, a proprietária da fazenda. Meu coração batia forte. Assustados, Francisca e eu, de mãos dadas, entramos na enorme casa, onde correndo vieram nos ver as três crianças da casa.

Olhava tudo com interesse, era a primeira vez que vinha à cidade e via uma casa tão grande, assustei-me quando ouvi:

— Está decidido, morarão conosco e serão nossos filhos! — determinou a sinhá Maria das Graças. — Deverão chamar-me de mãe e ao doutor Maurício de pai, deverão ter por nós respeito e obediência. Até se acostumarem, dormirão junto com Ana. Esta é Ana — mostrou uma senhora negra —, a babá de vocês, cuidará de tudo, qualquer coisa que quiserem, peçam a ela.

A sinhá nos levou a um bonito quarto com três camas e saiu, deixando-nos com Ana. Francisca, assustada, pôs-se a chorar.

— Quero minha mãe! Quero ir para minha casa!

— Não chore, pequenina — Ana consolou-a. — Seu pai morreu em um acidente e sua mãe também morreu. Foram para o Céu e de lá os protegerão. Sua casa agora é aqui, gostará, terá objetos lindos, roupas novas, brinquedos, eu os protegerei, cuidarei de vocês.

— Por que mamãe foi sozinha com o papai? Por que não me levou junto? — quis saber Francisca.

Segurei as lágrimas, também queria minha mãe, sentia que deveria ser como um homenzinho, como dizia meu pai, e não chorar. Olhei para Ana e esperei a resposta, porém, a bondosa negra não soube responder à indagação de Francisca.

— Não quer doce de coco? Tem também doce de leite e de abóbora. Não quer? Venham, vamos para a copa e poderão comer o que quiserem. Doce quase sempre é um santo esquecimento para as dores das crianças.

Logo nos acostumamos com a nova vida, ganhamos brinquedos, roupas, nada de material nos faltava. Era Ana quem cuidava de nós. Logo Francisca passou a dormir no quarto junto com Margarida e eu com José Hermídio, de quem me tornei muito amigo.

De meus pais verdadeiros somente soube que meu pai morrera de acidente e minha mãe por doença. Minha nova mãe não gostava de falar sobre o assunto e como éramos pequenos as recordações ficaram vagas. Adulto, quis saber deles e não consegui saber nada. Maria das Graças havia ordenado a todos para que não nos dissessem a verdade. Depois, grato aos meus pais adotivos, relembrava dos verdadeiros somente nas preces.

Meu novo pai, Maurício, logo que o vi, amei-o. Admirava-o e queria ser como ele, médico e bom. Mas ele trabalhava muito e pouco nos via. Maria das Graças nos dava de tudo, igualmente para todos, mas carinho era somente para os seus três filhos, vivia com eles no colo, abraçando-os. Nossa mãe foi Ana, ela que nos deu carinho e amor, sempre estava a nos acalentar e mimar.

Jonas, o filho mais velho, era cínico, mau e briguento, mandava em tudo e em todos e gostava de nos humilhar.

— Aqui estão de caridade, o filho verdadeiro sou eu, obedeçam-me!

Francisca era meiga, bondosa, nunca discutia, fazia tudo para evitar brigas. Procurando ser como ela, ouvia sem nada responder muitos desaforos e ofensas. Mas, quando ele batia sem motivos em Francisca, avançava nele e sempre lhe batia; embora fosse mais novo, era mais forte. Então, Maria das Graças interferia. Para ela, Jonas sempre tinha razão e era eu a ir para o castigo, diante do seu olhar cínico. Ana, às vezes, tentava nos defender, mas sempre mandavam-na calar a boca.

Margarida era chata, fez sempre de Francisca sua empregada, era chorona e tudo tinha que ser como ela queria. José Hermídio era bom, amigo, e também estava sempre brigando com Jonas.

Tivemos bons professores, adorava estudar e meu maior e melhor passeio era ir ao hospital ver meu pai trabalhar. Meu sonho era ser médico e quis estudar medicina, Jonas também. José Hermídio amava a fazenda e, mocinho, foi trabalhar no campo. Maurício alegrou-se por ver dois filhos querendo ser médicos. Jonas, estando um ano na frente nos estudos, foi o primeiro a ir à capital para estudar. Aquele ano foi de tranquilidade para mim, sem o Jonas por perto.

Francisca estava noiva de um bom rapaz, Margarida também namorava, casaram juntas numa bonita festa. Fiquei feliz por Francisca, pois Mário, seu esposo, era bom, fazendeiro, de boa família e a amava muito, foram felizes.

José Hermídio casou-se também e foi morar na fazenda, passando a administrá-la.

Chegou a minha vez de ir à capital estudar. Meu pai me acompanhou. Emocionei-me ao ver a cidade grande e fiquei encantado com o local em que iria estudar. Maurício deixou-me instalado, Jonas e eu dividiríamos o mesmo quarto, numa boa pensão. Para mim, estudar era maravilhoso e o fazia com carinho e interesse. Jonas divertia-se muito, sempre às voltas com mulheres, más companhias e brigas. Meu pai mandava-nos mesadas iguais, mas Jonas ficava com a minha parte.

— Você não necessita, Antônio, está sempre aqui fechado estudando. Já tem muito, meus pais lhe pagam o estudo, a pensão. Bastardo estudando medicina é raro de se ver. Eu, como filho legítimo, devo ter mais. Fico com sua parte, sei como gastar!

Desde pequeno, ouvia Jonas me chamar assim, bastardo. Evitava sair com ele, até mesmo ficar perto dele, mas ali, desfrutando o mesmo quarto, não foi fácil. Não reagia, procurava não ligar e se me ofendia não demonstrava, tudo fiz para não brigar com ele.

Jonas dava sempre um jeito de tirar notas suficientes para ser aprovado. Muitas vezes, fiz pesquisas, trabalhos, organizei cadernos para ele, era como seu empregado, cuidava de tudo para ele, das roupas, do quarto. Formou-se e regressou a nossa cidade, aquele ano foi de sossego para mim, tive dinheiro suficiente para meus gastos e gostos. Formei-me e, como na formatura de Jonas, Maurício, Maria das Graças, Francisca, Mário, Margarida e o esposo vieram para as festas. Emocionado, fui o melhor aluno da turma, acabei chorando ao receber o diploma.

De volta a nossa cidade, encantei-me com o hospital novo. Jonas já se indispusera com o pai e, orgulhoso, começava a selecionar seus clientes.

Passei a trabalhar no hospital, ajudando meu pai com seus pobres e interessei-me pelo sanatório e seus doentes. Vi o tanto que meu pai era dedicado, bom médico e amoroso com os enfermos. Veio à tona nossa sincera amizade. Combinávamos muito, tínhamos os mesmos gostos, interesses, aprendemos muito um com o outro. Ele me ensinou o que os anos de experiência lhe ensinaram e eu a ele com novidades e descobertas recentes. Gostava mesmo era de obstetrícia. Ajudar crianças a virem ao mundo me realizava. Naquela época, quase todos os partos eram feitos pelas parteiras em suas próprias casas. Médico era para casos graves e era para estes que eu era chamado e ajudava com bom ânimo, fazendo as senhoras me procurarem mais, querendo-me ao seu lado nos momentos em que se tornavam mães. Comecei a ganhar dinheiro, embora atendesse de bom grado a todas as mulheres, ricas ou pobres.

Em casa com nossos pais estávamos somente Jonas e eu, e era lá que nos encontrávamos, pouco falávamos, assim não discutíamos mais. Jonas continuava namorador, farrista, deixando meus pais adotivos preocupados. Eles pensavam em nos ver casados.

Nessa época, conheci Inês, moça de família pobre, seu pai era empregado em uma carpintaria, tinha dois irmãos carpinteiros, já casados. Inês era bonita, de estatura pequena, graciosa, com cabelos longos, castanho-claros, olhos verdes grandes, quando sorria, duas fundas covinhas formavam-se em seu rosto, trabalhava na farmácia da praça.

Começamos a namorar, ia sempre que era possível buscá-la após seu trabalho e a levava para casa. Seus pais gostavam de mim, eram pessoas boas, simples e educadas. Comecei a me interessar realmente por ela, acabei por amá-la. Ao saber, minha mãe teve ataques nervosos.

— Antônio, termina já com essa moça! Uma sujeitinha qualquer! Tantas jovens de boa família interessadas em você, e namorando uma moça simples, sem estudos, sem nome.

O clima em casa não era dos melhores, meu pai foi chamado a interferir, conversamos e ele deu permissão. Esperava que minha mãe aceitasse Inês para marcar nosso casamento. Passei a ficar mais tempo no hospital e no sanatório, evitando os comentários de minha mãe.

Já fazia onze meses que namorávamos. Naquela tarde, ao ir apanhá-la na farmácia, não a encontrei e seu patrão veio ao meu encontro com um sorriso cínico e me entregou um bilhete. Agradeci e saí, procurei um banco no jardim mais afastado, sentei para ler. Inês tinha pouco estudo, sua letra era ruim, mas dava para entender perfeitamente sua despedida.

"Meu caro Antônio

Parto com o meu verdadeiro amor.

Não tenha raiva de mim.

Não amo você, mas, sim, ele.

Adeus!

Inês"

Li e reli muitas vezes, depois rasguei e atirei os pedacinhos longe. As palavras do bilhete dançavam na minha mente, tonteando-me. Decepcionado, humilhado, sofri o seu abandono. Ali fiquei alguns minutos que me pareceram horas.

"Uma decepção amorosa não deveria abater médicos — pensei. — Acho que está na hora de voltar ao hospital."

Procurei me distrair conversando com os doentes e demorei bastante no hospital, regressando a casa tarde da noite.

— Logo vão descobrir e tomara que mamãe não diga que me avisou — falei baixinho.

Ao ver luzes em casa, conversas na sala, estranhei e rumei para lá, esse fato não era comum em casa, deveria ter acontecido algo, preocupei-me. Minha mãe chorava e papai tentava acalmá-la. Aproximei-me pensando em ajudá-los.

— Antônio, meu querido! Sabe o que Jonas fez? — indagou minha mãe. Com minha negativa com a cabeça, continuou: — Fugiu com sua namorada!

Senti o chão rodar, então era Jonas o amado de Inês, o belo Jonas, louro, de olhos verdes, meu irmão! Sentei numa cadeira e mamãe continuou:

— Peralta! Cínico! Não vou perdoá-lo! Deserdo-o, não o aceito mais em casa. Que tem naquela menina? Primeiro você, agora Jonas. Mas se ele casar com ela não quero vê-lo mais, nem morto!

Nada falei, não me atrevi. Tomei o chá que bondosamente meu pai me serviu, depois fui para meu quarto. Pensei em procurá-los e dizer a eles desaforos, mas meditei e entendi que era melhor não fazer nada.

"Talvez Jonas a ame realmente, e no bilhete Inês afirma amá-lo. Meu irmão sabe conquistar as mulheres com seu modo agradável, seu jeito cínico. O fato mesmo é que não sou amado e devo esquecer" — pensei.

Acabei dormindo e levantei mais tarde no dia seguinte, disposto a não tocar mais no assunto.

Minha mãe sentiu muito realmente, acabou acamada uma semana, após, o pai de Inês veio a falecer de um ataque do coração, certamente pelo desgosto com o procedimento da filha.

Para esquecer, passei a trabalhar mais. Jonas não mandara notícias, mas Maurício veio a saber que estavam na capital, em São Paulo. Meu pai tudo fazia para me agradar, parecia pedir desculpas pelo procedimento do filho. Minha mãe também ficou mais amável, tentando fazer com que namorasse uma de suas escolhidas para nora.

Não tinha vontade e nem interesse por ninguém. O tempo passava lentamente, depois de dois meses, apareceu Jonas em casa, com ar humilde e arrependido. Explicou que abandonara Inês, que seu amor terminara e que vira que ela não era para ele. Pediu perdão aos pais e prometeu não dar mais desgostos.

Em casa, houve muitas discussões. Maurício queria que Jonas casasse com Inês, ele não queria e nem mamãe, que se apavorava em pensar no filho casando-se com ela.

— Casar com essa oferecida, sem moral, que foge, nunca!

Jonas voltou para casa. Não conversávamos, evitava encontrar com ele, estava magoado, mas não tinha raiva dele. Senti dó de Inês, sua aventura acabara mal, soube que voltou para a casa da mãe.

Aproveitando que Jonas estava obediente, mamãe achou melhor casá-lo e logo. Escolhida uma moça de família importante, Jonas ficou noivo e marcaram o casamento para breve.

— O casamento trará responsabilidades. Jonas será bom marido — dizia Maria das Graças.

Não vi Inês, mas sempre um ou outro comentava o assunto e fiquei sabendo que ela e a mãe, para sobreviver, estavam fazendo doces para vender. Sem o salário do esposo, o dinheiro era pouco, tendo que mudar até de casa para uma bem mais simples, e Inês estava grávida.

Com uma bonita festa, Jonas casou e meus pais esperavam que realmente se tornasse responsável. Fiquei somente eu em casa e solteiro, embora os sobrinhos, já muitos, estavam sempre em casa em grande algazarra.

Um dia, ao sair do hospital, encontrei dona Efigênia, a mãe de Inês, que veio aflita ao meu encontro.

— Doutor Antônio, por favor! Inês está mal, o nenê não nasce, a parteira não sabe mais o que fazer. Ela não quer vir ao hospital. Por favor, filho, não se negue a vê-la. Temo que morra.

Hesitei, já fazia nove meses que fugira, nove meses que não a via. Relutei, pensei em pedir ao meu pai, mas dona Efigênia implorava, seus olhos lacrimosos me olhavam pedindo compaixão, confiava em mim, não consegui negar e acompanhei-a.

A casa delas, afastada do centro, numa vila, era de dois cômodos, tudo muito pobre, mas limpo. Quando vi Inês, senti doer por dentro, senti meu coração bater forte, estava num leito pequeno, pálida, com olheiras, percebi logo que se encontrava fraca, desnutrida e que sofria muito. Ao me ver, ensaiou um sorriso.

— Doutor Antônio, me ajude! É como seu pai bom...

Fiquei triste em vê-la naquele estado, percebi que não a esquecera, amava-a muito e fui examiná-la, iria fazer tudo para ajudá-la. Seu parto não foi fácil, mas sem maiores problemas, nasceu um garoto miúdo e fraco.

— Vai chamar-se Juvenal, como meu pai.

Agradeceram-me. Inês, já refeita, olhou-me sorrindo.

— Obrigada, Antônio, é um santo. Desculpe-me por incomodá-lo, mas somente pensava em você, sabia que me ajudaria.

Vi que nem enxoval a criança tinha e deveria faltar até alimentos para elas. Ao sair dei dinheiro a dona Efigênia, que não queria aceitar.

— É para meu sobrinho. Aceite, dona Efigênia, compre roupas para ele e alimentos para Inês.

— Mas é muito! Por Deus, como o senhor é bom!

A lembrança de Inês, sofrida, acompanhou-me, querendo vê-los, voltei a visitá-los. Sendo bem recebido, passei a ir sempre vê-los, ajudando-as nas despesas. Fui padrinho, com dona Efigênia, de Juvenal, que estava forte e muito bonito, parecendo muito com o meu pai. O garoto era ruivo, lábios grandes, sorriso aberto, olhos verdes e gostava muito de mim e eu dele. Voltei a namorar Inês.

Pensei bem, como pensei. Inês já havia me abandonado uma vez. Parecia mudada, sofreu muito e dizia me amar, era mãe carinhosa e cuidadosa. Não era fácil, fui atingido moralmente com sua fuga, mas amava-a e resolvi esquecer tudo e fazer o que meu coração queria, ficar com ela. Falei com meu pai, este me escutou pacientemente.

— Se é isso que quer, filho. Case com ela!

— Casar não! Vou morar com ela; se der certo, no futuro, caso.

Meu pai falou com mamãe e, como esperava, fez escândalo, gritou e ameaçou. Saí de casa triste, mas resolvido. Por anos não voltei à casa deles, mas mamãe acabou por me perdoar, mas nunca aceitou Inês.

Comprei uma boa casa e fomos os quatro morar nela, dona Efigênia, Juvenal, Inês e eu. Sob olhares zombeteiros, os cochichos, aguentei firme, era o abandonado que aceitava a ex-namorada com filho do outro.

O tempo passou e as fofocas também. Combinávamos muito e os filhos foram nascendo, Tereza, José Maurício e Ana. Para mim, os quatro eram meus, amava Juvenal como os outros e ele continuava parecidíssimo com meu pai, nunca fiz diferença e ele me amou muito, eram todos iguais para mim.

Raríssimas vezes conversei com Jonas e ele nunca quis saber do filho.

Nossa caçula estava com um ano quando notei que Inês estava diferente.

"Talvez — pensei — queira casar. Meu pai deve ter razão, temos filhos, devo casar, mas não sei..."

Ana estava com dezessete meses quando dona Efigênia mandou me chamar no hospital. Vim aflito, prevendo um acontecimento ruim.

— Antônio, Inês desapareceu. Já a procurei por toda parte — informou aflita minha sogra ao ver-me.

— Sumiu?! Como? Conte-me tudo, dona Efigênia, não esconda nada.

— Ao chamá-la para o almoço, não a encontrei. Sumiu e com ela as malas e suas melhores roupas. Dona Manuela, nossa vizinha, disse que...

— Vamos, diga! O que dona Manuela viu?

— Que partiu, que tomou uma carruagem na esquina. Que um homem a esperava e que parecia ser o doutor Jonas.

Minha sogra começou a chorar, as crianças apareceram correndo. Senti como se o mundo desabasse sobre a minha cabeça.

— Papai, é verdade que mamãe foi embora?

— É...

Fiquei como anestesiado, o afeto paternal me chamou à razão. Acalmei meus filhos e voltei ao trabalho. Dois dias depois, dona Efigênia achou um bilhete de Inês.

— Deve ter caído no chão, achei quando fui limpar o quarto.

Abri o bilhete e li:

"Mamãe

Parto com Jonas.

Cuide do Antônio e das crianças para mim.

Abençoe-me,

Inês"

Novamente as palavras do bilhete dançavam diante dos meus olhos.

— Dona Efigênia, Inês foi embora com Jonas! Mas vi-o ainda hoje no hospital!

— Pobre filha! Acho, Antônio, que ele a levou como amante, não abandonou a esposa.

Tentei me acalmar, pensei até em procurar Jonas, tive vontade de matá-lo. Não, assassino não! Tinha desejo de sarar pessoas e não matá-las. Tinha filhos para criar e ele também. Levara Inês como amante, ela também tinha sido minha. Embora fosse tida e tratada como esposa. Entre mim e Jonas existiam meus pais adotivos, que eram dele os verdadeiros.

"Não! Não devo falar com ele, ela fugiu porque quis. Sou pai e sei o que é criar filhos. Maria das Graças e Maurício criaram-me, devo ser grato a eles, se estudei, devo a eles. O melhor que faço é fingir que nada sei. Depois, lembrei de um texto que lera tempos atrás: 'Não devemos usar do poder da palavra para fazer o mal, para o desentendimento. O poder vibratório da linguagem poderá ser sabiamente usado para liberar nossa vida das dificuldades'."

Falei com dona Efigênia e queimamos o bilhete. Os comentários foram muitos. Embora meus filhos fossem pequenos, eles os escutavam. Dona Efigênia e eu os consolávamos dizendo que Inês partira e que deveriam esquecê-la e que eles ficariam sempre comigo e com a avó.

Novamente aguentei os risos irônicos, os cochichos e os olhares zombeteiros. Procurei ser firme e fingir que não os notava para continuar a trabalhar.

Meu pai se preocupou comigo, mas não queria tocar no assunto, não queria que soubesse da verdade, não queria que sofresse. Dias passaram. Estava no hospital e fui chamado para ir à casa de meus pais com urgência. Temendo que um dos dois estivesse doente, fui correndo.

Meus pais estavam na sala e mamãe, ao me ver, rogou chorando:

— Antônio, meu filho, não mate seu irmão!

Maria das Graças olhava-me ansiosa, enfrentei seu olhar, ela tinha razão, Inês não era digna. Ela continuou a falar com voz baixa.

— Jonas fugiu com Inês, ou melhor, levou-a de sua casa.

— Sei disso. Inês, ao partir, deixou um bilhete contando esse pormenor.

— Você sabia — assustou-se meu pai — e não disse nada!

— Não queria chateá-los. Não se preocupe, mamãe, não vou me tornar assassino, eles não merecem tanto. No conceito da maioria, deveria matá-los para ter honra. Porém, honra para mim é outra coisa. Honra é respeitar a todos, é ser honesto e trabalhador. Não vou desgraçar mais ainda a vida de meus filhos nem vou deixar os filhos de Jonas sem pai. Ele é um canalha, mas Inês é pior. Não farei nada, não poderia dar aos senhores um desgosto, sou-lhes grato por terem me criado e não vou matar um de seus filhos. Mas como souberam disso?

— Obrigada, Antônio — mamãe estava realmente grata. — Foi Letícia quem contou para nós. Ela descobriu Jonas com Inês na casa de campo, aquela casa que ele comprou recentemente. Jonas voltou com Letícia para casa e ela o perdoou. Somente nós é que sabemos e tudo devemos fazer para abafar o escândalo.

Fizemos silêncio, pensei em Inês, criatura imprudente, novamente construiu a casa sobre a areia. Mas não queria pensar nela. Dessa vez, saiu da minha vida para sempre.

— Quero que saiba, Antônio — disse meu pai —, que condenamos o proceder de Jonas. Briguei com ele e não quero mais vê-lo. Você não sofre sozinho. Um homem honesto, de consciência tranquila e honrado, sofre sem se manchar, aquele que erra sofrerá mais. Se sofre pela traição da companheira, sofro pela traição de um filho.

Abraçou-me, choramos juntos. Prometi a mim mesmo que seriam as últimas lágrimas por Inês. Aliviada, minha mãe adotiva, pela primeira vez, me abraçou e me beijou.

— Abençoo-o, filho, será feliz!

Mais aliviado, fui para casa, sentia-me forte para enfrentar a situação. Com coragem, aguentei os maldosos fofoqueiros não lhes dando atenção, falavam de tudo e todos, de mim, de Jonas, de Inês, foram comentários por meses. Mas, com o tempo, tudo passa. Assunto velho, perdeu interesse por outros novos. As crianças já não perguntavam mais da mãe. Resolvi continuar na mesma casa com elas e dona Efigênia, que passou a ser mãe e avó delas.

Dona Efigênia era boníssima, trabalhadeira, paciente, seus filhos amavam-na e eu também a amava como se fosse minha mãe. Ela era muito grata a mim, nunca lhe deixava faltar nada, como também ajudava seus outros filhos, os irmãos de Inês, mesmo depois de sua fuga, pois eram pessoas boas e gratas.

Tudo foi voltando ao normal, ficava todo meu tempo disponível com meus filhos, que cresciam fortes e bonitos. Maurício ia sempre vê-los e, após a fuga de Inês, minha mãe também passou a vê-los e a pedir que os levassem a sua casa. Mas eles não gostavam muito, preferindo sempre estar com a avó Efigênia.

Encontrava raramente com Jonas, que parecia fugir de mim. Quando nos encontrávamos, cumprimentávamo-nos friamente. Amava cada vez mais meu trabalho, embora meu sonho fosse fazer pesquisas, trabalhar com outros estudiosos, descobrindo curas para muitas doenças.

5

VENCENDO A MIM MESMO

Quatro anos passaram, raramente lembrava de Inês. Até que um dia, ao voltar para casa ao anoitecer, dona Efigênia esperava-me no portão. Ao vê-la, percebi que estava aflita e foi logo me dizendo:

— Antônio... Soube que Inês está mal, doente, abandonada, uma morta-viva de fazer pena. Piedade, Antônio, reconheço os erros de minha filha, mas ela é mãe de seus filhos. Você não pode ajudá-la?

— Mãe dos meus filhos é a senhora. Dona Efigênia, a senhora é livre, nunca a impedi de ajudar Inês, ajude-a como quiser, não precisa nem me dizer. Mas me deixe fora disso, para mim Inês morreu no dia em que fugiu.

Dona Efigênia olhou-me triste e começou a chorar, enxugando as lágrimas no avental. Comovi-me, não gostava de ver ninguém sofrendo.

— Por favor, dona Efigênia, não chore. Será que é tão grave? A senhora sabe onde ela está?

— No quarto do quintal — aflita, mostrou com a cabeça o fundo da casa. — Chegou aqui ardendo em febre, somente com a roupa do corpo, não deixei ninguém vê-la. Perdoe-me, não consegui enxotá-la.

— Bem... Está bem, não chore.

— Vai vê-la? Vai ajudá-la?

— Vou. Vamos vê-la.

Atravessamos a casa, saímos para o quintal. Meu coração disparou, as lembranças vieram como um filme na minha mente, senti raiva pelas muitas humilhações e sofrimentos que Inês me causou. Acompanhei minha sogra, que abriu a porta do nosso cômodo de despejo no quintal, e defrontei-me com uma Inês desconhecida, prostrada no leito. Nada mais tinha de bonita, magérrima, pálida, ofegante, respirava com dificuldades, não percebeu nossa presença.

— A senhora tem razão, dona Efigênia, Inês não está bem. Busque minha maleta e a caixa de remédios.

A avó dos meus filhos saiu rápido e examinei-a, não precisei de muito para constatar que a tuberculose em estado avançado lhe tiraria a vida física em pouco tempo. A tuberculose era fatal naquela época e todos temiam seu contágio. Dei-lhe remédios para suavizar as dores e para baixar a febre. Inês falava baixinho, dizia delirando meu nome, chamava a mãe e os filhos.

Dona Efigênia ficou me olhando nervosa, torcendo o avental com as mãos trêmulas, implorando compaixão para a filha com seus olhos assustados e tristes. Minha sogra tinha razão, não podia deixá-la morrer abandonada.

— Inês está mal — informei. — Tem tuberculose em estado adiantado, não sei como conseguiu chegar aqui. Não podemos ficar com ela aqui em casa, o contágio, as crianças. Levarei-a para o hospital da cidade vizinha, lá eles têm um bom isolamento. Pagarei todas as despesas, sua filha não morrerá abandonada.

— Obrigada, meu filho.

— Ajude-me, vamos acomodá-la na carruagem, vamos deitá-la no banco. Partirei logo após me alimentar. Ao sair, queime esta cama e colchão. Ninguém deve saber que Inês esteve aqui, o falatório recomeçaria e prejudicaria as crianças.

Não estava disposto a ser criticado novamente, ajudando quem tanto me atraiçoara. Não é fácil ser alvo de zombaria e preferia que tudo ficasse em segredo.

A distância entre as duas cidades não era grande, fui devagar. Inês delirava falando nossos nomes, pedindo a minha ajuda. Apiedei-me, mas não a amava mais.

No hospital, ajudei a medicá-la e a acomodá-la, depois voltei para casa. Cheguei quando já amanhecia, tomei um banho e fui trabalhar. Meu pai, que me conhecia bem, notou que estava diferente e acabei por lhe contar sobre Inês.

— Filho, orgulho-me de você! Nesta vida é preferível mil vezes perdoar que fazer algo que nos levará a pedir perdão. Faça tudo por essa moça e que Deus a ajude, deve estar sofrendo muito.

Duas semanas depois, dona Efigênia e eu fomos visitá-la, deixando as crianças com a empregada, que disse a elas que íamos visitar uma tia adoentada. Aparentemente, Inês parecia melhor. Não estava febril e os medicamentos e a boa alimentação deram-lhe uma aparência melhor. Sorriu ao nos ver.

— Mamãe! Antônio! Que alegria em vê-los! Sabia que vocês me ajudariam, embora não mereça. Como estão as crianças?

Dona Efigênia falou demoradamente sobre elas, Inês ouviu encantada.

— Poderei vê-las? — indagou, olhando para mim.

— Não, Inês. Sofremos muito quando você partiu. Dissemos a elas que você viajou. Os comentários maldosos foram muitos, perturbando-as. Agora tudo voltou ao normal, elas esqueceram. Se voltarem a vê-la, sofrerão novamente.

— Entendo, você tem razão. Já causei muito sofrimento. Por favor, diga a elas, quando eu morrer, que parti deste mundo pensando nelas e que as amei demais. Dirá?

— Sim, direi que você as amava. Nunca, Inês, falei mal de você a elas, nunca alimentei rancores. Nossos filhos são felizes.

— Acredito, tendo você por pai e mamãe para cuidar deles, devem estar mesmo felizes. Antônio, perdoe-me! Por favor, não me negue perdão. Hesitei em procurá-los, mas, sem dinheiro, sem lar, sem abrigo, passando fome, frio e doente, passei a pensar em vocês. Voltei para lhes dar trabalho.

— Há muito tempo a perdoei!

Olhando Inês moribunda, entendi que a perdoara de coração, nenhuma mágoa tinha dela, nem de Jonas. Inês chorou e narrou sua história com dificuldade.

— Antônio, você é bom, sempre o amei. Descobri tarde demais... Sou culpada, muito culpada, porém Jonas foi mais. Assediou-me para depois me abandonar. Quando ele me deixou na primeira vez, foi por meu filho que trazia no ventre que tive forças para continuar vivendo. Senti ódio quando ele casou. Mamãe ajudou-me e veio Juvenal, depois você, estava feliz... Novamente Jonas voltou a perturbar-me, começou mandando bilhetes, cartas apaixonadas, presentes, procurei resistir, mas... a paixão dominou-me. Jonas reconquistou-me dizendo ser infeliz com a esposa e que me amava. Encontramo-nos e planejamos fugir e fui com ele para sua casa de campo.

Inês parou ofegante, sua mãe deu-lhe água. Enxugou as faces pálidas e magras, ia continuar.

— Chega, Inês — pedi —, não necessitamos saber de mais nada. Não estamos aqui para condená-la, compreendemos.

— Por favor, não se neguem a me ouvir. Por piedade, me escutem. Necessito contar tudo.

Sentamos próximos a ela e emocionados a escutamos.

— Vivi como rainha por pouco tempo. Até que Letícia nos surpreendeu juntos. Vi, pasma, o canalha por quem troquei meu lar e filhos defender-se acusando-me. Aos gritos, disse que era eu a importuná-lo e a persegui-lo, que eu não era nada para ele, que amava Letícia e me tocou de sua casa, como se faz a um cachorro que importuna. Peguei algumas roupas e parti chorando, vim para esta cidade, depois daqui para outra mais distante. Queria distância de todos e de tudo que conhecia. Comecei a perceber meu erro... Meu dinheiro era pouco, acabou logo, não era fácil achar emprego, tentei... Acabei me prostituindo... Sofri muito... O remorso doía, dói, a vergonha... A saudade de vocês... Há dois anos, tive um filho sem pai, dei-o para uma família criar. Fiquei doente, enxotaram-me do meretrício. Abandonada, não quis morrer sem o perdão de vocês...

— Oh, filha! Não se afobe assim, nós a perdoamos.

Inês estava ofegante pelo esforço, mas tranquila. Falar tudo fez bem a ela, sua mãe beijou-a na testa e eu lhe estendi a mão.

— Antônio, o remorso me corrói mais que a doença. Obrigada por ter me perdoado.

— É mais fácil perdoar que pedir perdão — afirmei, lembrando as palavras de Maurício.

— Obrigada, que Deus os ilumine e abençoe.

A visita já tinha sido longa, despedimo-nos e voltamos para casa, pensativos e entristecidos. Inês muito errou, pagou caro pelo seu erro, senti muito dó dela.

— Antônio — dona Efigênia me agradeceu —, gosto de você mais do que de meus filhos. Nunca devi tanta gratidão a uma pessoa como a você. Obrigada. Você é realmente como seu pai!

Ser comparado com meu pai sempre me encheu de orgulho.

— Não me agradeça, se sou bom a senhora é mais. Não me deve nada, eu sim que lhe devo. Que seria de mim e das crianças sem a senhora?

— Sou avó delas e as amo.

— Esqueçamos esse assunto. Nenhum de nós devemos nada ao outro. Companheiros seguem juntos ajudando-se mutuamente, somos amigos.

Visitamo-la por mais duas vezes. Inês piorava, sorria ao nos ver, falando pouco, mas estava tranquila e resignada.

Quarenta e cinco dias após ter sido internada vieram nos dar a notícia de que falecera. Somente eu fui vê-la, dona Efigênia preferiu não ir. Foi um enterro simples, somente o coveiro e eu.

Em casa, reuni as crianças e dei a notícia de modo simples.

— Hoje, vim a saber que Inês, a mãe de vocês, morreu. Oremos por ela, que amava a todos nós.

Oramos. Ninguém perguntou nada ou quis saber mais detalhes.

Além de dona Efigênia, somente Maurício soube do que ocorreu. Paguei todo o tratamento, o enterro, mas e o filho que ela teve? Preocupei-me, era irmão de meus filhos, neto daquela bondosa senhora. Resolvi procurá-lo, se não estivesse bem o traria e criaria como meu.

Com licença de seis dias, afastei-me do trabalho, viajei para a cidade citada por Inês. Não foi difícil saber dele. Procurei informações no meretrício e encontrei Antônio, assim se chamava seu filho, feliz, adotado por uma boa família sem filhos. Voltei e tranquilizei aquela que considerava minha sogra e guardamos o segredo.

Veio trabalhar conosco, no hospital, um médico recém-formado, Lauro, que era bom e caridoso, e se interessou pelo trabalho do meu pai e passou a nos ajudar, a clinicar os pobres com dedicação.

Estava clinicando quando me deram a notícia da morte de Maurício.

— Doutor Antônio, seu pai faleceu. Morreu de repente!

Foi para mim uma grande perda, de um pai, companheiro amigo e irmão. Chorei, sabia que me faria muita falta. A cidade enlutou, os pobres choravam. No enterro, senti que sua obra me pertencia. Lauro ficou com a nossa parte, de Maurício e a minha, no hospital, eu continuei como obstetra e substituí meu pai no sanatório. O sanatório continuou como sempre, procurei com dedicação e carinho atender a todos como meu pai sempre fez.

Um surto de febre tifo assustou a cidade. Muitos doentes apareceram, exigindo cuidados e muito trabalho. Com medo do contágio alguns médicos fugiram, tiraram férias, viajaram. Lauro e eu nos desdobrávamos para atender nossos clientes pobres e desnutridos, que foram os mais atingidos. Trabalhei a noite toda, não descansava havia dezesseis horas quando senti arrepios e dores pelo corpo, notei que estava febril. Lauro observou-me.

— Antônio, você contraiu a doença, deite-se e descanse.

Não tinha forças para contradizê-lo, dormi logo ao deitar-me. Senti-me envolto por uma nuvem branca e vi meu pai a me medicar. Dias lutei com a doença, que foi me abandonando. Logo me senti curado. Lauro disse-me, sorrindo:

— Salve, Antônio! Você está curado, reagiu como ninguém à medicação, agora só mais um pouco de descanso em casa.

— E o sanatório? Meus doentes?

— Dos doentes daqui, dei conta, somente Deus sabe como! Não tive tempo de ir ao sanatório, mas os empregados vêm saber de você e trazem notícias, tudo bem por lá. Antônio, nos seus delírios de febre, falava com o doutor Maurício, parecia que o nosso benfeitor estava por aqui cuidando de você. Se isso é possível, deve a ele sua melhora rápida.

— Acho que quem foi bom aqui deve continuar do outro lado. A ele, então, meu obrigado e a você também, meu estimado doutor Lauro.

Depois de desencarnado, vim a saber que Maurício cuidou de mim com carinho e dedicação.

Voltei para casa. Dois dias depois, sentindo-me bem, fui ao sanatório e realmente estava tudo bem por lá. Soube que minha mãe pediu a Jonas para ficar no meu lugar, enquanto estive doente, ele se negou.

Depois de uma semana de descanso, voltei ao trabalho. Da febre tifoide ficaram somente lembranças e os meus cabelos, que grisalharam.

Era um solteirão cobiçado, os cabelos grisalhos me deram muito charme e financeiramente estava bem, embora não fosse rico. Minha mãe dizia sempre que deveria me casar, dar uma boa mãe aos meus filhos, que estava muito sozinho etc. Não me entusiasmava muito com a ideia, embora achasse que ela tinha razão e aos poucos fui pensando no assunto.

Conheci Cleonice no hospital, era enfermeira, bonita, simples, educada, risonha e parecia gostar muito de crianças. Ficou encantada quando a convidei para um passeio. Era muito mais jovem que eu e tudo fez para me agradar. Depois de sairmos algumas vezes, começamos a namorar. Levei-a em casa e tudo fez para conquistar meus filhos, mas estes a olharam desconfiados. Juvenal pediu:

— Papai, se casar, deixe-nos com a vovó.

— Não tenho intenção de separá-los.

Minha sogra não disse nada, mas senti-a apreensiva, temendo que a separasse dos netos. Achei uma solução que contentou a todos. Comprei a casa ao lado da nossa e mobilhei-a, satisfazendo o gosto de Cleonice. Ia casar, morar nela, deixando as crianças com dona Efigênia. Ficaríamos perto e separados, todos aprovaram a ideia.

Não amava Cleonice, porém me parecia ser a noiva ideal, doce, carinhosa, concordava com tudo, dizia que me amava. Prometeu não interferir na vida dos meus filhos.

Numa cerimônia simples, casamos. Senti-me feliz, pensando ter recomeçado minha vida. Mas logo Cleonice começou a mudar, passou a exigir, ora queria um móvel, ora roupas e joias. Depois de dois meses de casados, ela ficou grávida, piorando a situação, esqueceu a promessa que me fez e começou a implicar com dona Efigênia e com as crianças. Era chegar em casa para as queixas começarem.

— Antônio, seus filhos não são as belezas que pensa, são mal-educados, hoje eles riram de mim, eles me odeiam. Tudo por culpa da bruxa da dona Efigênia, vive como rainha e ela não é nada sua! Até empregada ela tem! Precisa dar melhor educação a essas crianças. Por que sustenta Juvenal? Que ele é seu?

— Basta! Cleonice, você prometeu não interferir na vida dos meus familiares. Juvenal é meu filho, amo-o como os outros. Não fale mais assim, não gosto.

— Você não liga para mim! Sou sua esposa, mãe de seu filho legítimo.

— Os outros são também meus filhos!

O fato é que Cleonice escondeu bem como realmente era, mostrava agora, depois de casada, seu gênio agressivo e interesseiro. Acabou o meu sossego, as crianças não reclamavam e nem iam a minha casa, elas estavam preocupadas e tristes. A mãe de Cleonice e meus novos cunhados começaram a visitar-me, tomando refeições, exigindo presentes e dinheiro.

Sempre ajudei os irmãos de Inês, o que fazia espontaneamente. Eram pobres, trabalhadores, nunca pediram nada, gostava deles e ajudava-os com prazer.

Não simpatizava com os novos parentes, que, sem cerimônia, pediam coisas e, se não dava, Cleonice fazia-se de vítima e escutava o mesmo falatório. Triste, arrependido de ter casado, contornava a situação para não ter um maior desentendimento.

No segundo mês de gravidez, examinei Cleonice e constatei que ela sofria de uma lesão grave no coração, o que se agravaria com a gravidez, e se tivesse o filho estaria arriscando a sua vida. Reuni os médicos do hospital e eles confirmaram meu diagnóstico. Uns me aconselhavam a recorrer ao aborto. Era e sou contra o aborto, segui o conselho de Lauro, que deixasse que ela escolhesse.

Chamei seus pais a minha casa e com Cleonice expliquei-lhes tudo.

— Posso pensar, Antônio?

— Claro, meu bem, pense e nesta semana me dê a resposta.

Três dias depois, Cleonice me disse:

— Quero ter este filho! Sou jovem, dezoito anos, não correrei riscos, acredito que tudo dará certo.

Passou a ser mais exigente, tudo fazia para não contrariá-la. Achei que seria melhor mudar e separá-la das crianças.

Comprei uma bela e grande casa, recém-construída, que custou todas as minhas economias. Cleonice ficou felicíssima e pensei em mudar rápido. Estava no sexto mês de gravidez e íamos mudar em três dias. Contratei empregados e a mãe de minha esposa estava encarregada de dirigir tudo, porque recomendara repouso absoluto a Cleonice.

Estava no sanatório e fui chamado com urgência ao hospital, onde Cleonice foi levada ao sentir-se mal numa confeitaria. Lauro e outros médicos lutavam para salvá-la. Entrara em trabalho de parto com contrações fortes, o coração fraco, falhando muito. Foi uma luta desigual, horas depois morreram ela e a criança.

— De que nos serve a medicina? — queixei-me a Lauro. — Que valeu minha habilidade como obstetra? Não consegui salvar Cleonice nem meu filho.

— Não conseguimos, amigo, lutamos juntos.

— Por que não a examinei antes de casar?

— Parecia-nos tão saudável! Não ia adivinhar, depois não é agradável examinar candidatas a esposa. Ânimo, amigo, lembre-se que nós também morreremos.

Após o enterro, voltei triste para casa, tranquei-me no quarto e pus-me a pensar. Não amei Cleonice, nosso casamento foi um erro, mas sentia sua morte e a da criança.

"Por que, meu Deus, morrer por tão pouco? Será que não se conseguem, por estudos, meios de curar tantas doenças? Como gostaria de estudar, pesquisar, ajudar e descobrir meios de combatê-las e vencê-las. Doenças, vírus, fazem parte da natureza e é nela que devem estar os meios de combatê-los. Como seria bom se pudesse estudar!"

Por dois dias fiquei em casa, desanimado, achando que nada mais valia a pena.

— Dona Efigênia, acho que sou um inútil. Que adianta lutar com os poucos conhecimentos que tenho? Penso em não clinicar mais, vou mudar de profissão.

— Filho, não desanime. Deus é maior que tudo e Ele sabe o porquê de tantas doenças incuráveis. Não deve sentir-se culpado, tem curado e ajudado tantas pessoas.

À tarde recebi a visita de minha mãe. Olhou-me séria.

— Antônio, por que abandonou o sanatório? Seu sofrimento não ameniza o sofrimento que tem lá. Para que se formou? Certamente não foi para acovardar-se diante de um caso perdido. Sua esposa morreu, mas não a faremos agora de santa. Era uma peste! Proibida de sair, que fazia? Andava por aí o dia todo, comprando, comprando... Sabia que deveria fazer repouso e não o fez. Escutei de sua própria mãe, no enterro, que eles não haviam acreditado na gravidade do problema, acharam que queria que abortasse para abandoná-la, ou que fizesse repouso para que ficasse dentro de casa. Como vê, não tem culpa.

— Eu pensei que tivesse aceitado os riscos por amor ao filho!

— Ora, logo se vê que não sabe escolher esposa. Se pensar em casar novamente, fale comigo, que escolherei uma boa pessoa. Depois, coitada da dona Efigênia, sofreu muito com as ofensas dela, Cleonice estava sempre gritando com as crianças. Eu vi! Antônio, eu quero, exijo, que vá imediatamente ao sanatório! Sua presença é indispensável, os enfermeiros não sabem o que fazer com os novos pacientes que deram entrada ontem. Filho, você acha que seu pai está aprovando sua conduta? Está abandonando o sanatório que ele tanto amou. Troque de roupa, eu o acompanho até lá.

Saiu do quarto e escutei-a conversando na sala com as crianças. Depois da morte de meu pai, minha mãe começou a frequentar minha casa e adorava Juvenal, que já era mocinho e muito parecido com Maurício.

"Casamento! Ora! Coitada da dona Efigênia, nunca reclamou. Doentes novos! Quem serão? Coitados!"

Troquei de roupa rápido, despedi-me com um adeusinho das crianças e acompanhei minha mãe. O sanatório ficava perto de minha casa, caminhamos em silêncio, lado a lado. Ao chegarmos, ela pegou minha mão.

— Desculpe-me, entendo o que sente. Você é excelente médico, muito já fez e pode fazer! Não posso ver o sanatório abandonado. Maurício amava-o tanto! Somente posso contar com você.

— Mamãe, o que a senhora disse me chamou à realidade. Também amo tudo isto e não vou abandonar. Sei pouco, mas neste pouco quero ser útil. Volto para meus doentes. A obra do papai, enquanto viver, terá continuação.

— Obrigada, meu filho.

Animado, voltei ao trabalho. O casamento não me trouxe felicidades. Os parentes de Cleonice levaram tudo que tínhamos em nossa casa e queriam ainda a casa nova. Com franqueza, disse que não receberiam mais nada de mim, que não voltassem mais a minha casa. E passei a evitá-los. Voltei a morar com meus filhos.

— Quero comunicar a vocês e prometer que nunca mais casarei.

— Viva! Tudo voltará a ser como antes!

— Que felicidade!

Meus filhos vibravam felizes e eu também, minha família eram eles, não queria outra. A promessa foi de coração, casamento, nunca mais.

Tudo ficou em paz no meu lar, meus filhos cresciam fortes, sadios e obedientes. Dona Efigênia era como minha mãe, comida quentinha a qualquer hora que chegasse em casa, roupa limpa, tudo como gostava, cuidava de tudo em casa desde as despesas. Dava dinheiro para ela, que cuidava de tudo e com muita capacidade e carinho. Também tinha em mim um filho reconhecido, éramos grandes amigos.

Saía pouco, era do trabalho para casa. Às vezes, ia às festas familiares ou à igreja. Casar realmente não me passou mais pela mente, amores somente passageiros, nada sério, sem qualquer compromisso.

O sanatório novo ficou pronto, após anos de construção. Não recebeu o nome do meu pai como haviam prometido, mas sim de um político que doou verbas para terminá-lo, toda a família sentiu. Também o cargo de diretor foi dado a um médico da capital nomeado por esse político. Minha mãe ficou revoltada, eu, triste. Fizemos a mudança, os doentes foram conduzidos para o prédio novo, que ficou uma beleza, espaçoso e confortável. Fui convidado para trabalhar lá com um bom ordenado.

— Não vá, meu filho, tudo isso é uma ofensa a nós — pediu Maria das Graças.

Sorri e nada respondi, preferi pensar: "Para que nos servem posições? Que importa ser importante ao mundo? Todos morrem e, do outro lado, que nos valerá tudo isto?" Amava os doentes e conosco estavam doentes de anos de convívio. Alguns deles choravam amedrontados, não querendo sair daquela casa querida, onde por anos foi um bálsamo a tantos infelizes.

— Doutor Antônio! Doutor Antônio! — Era Sebastiana, uma débil mental, havia três anos conosco, abandonada pela família, quem me puxara pelo braço. — O senhor vem? Irá conosco? Se não for, fico também. Fico com o doutor onde o senhor ficar. O senhor vem?

— Vou, minha filha, vou sim.

Achei a resposta no olhar temeroso de Sebastiana e aceitei o emprego oferecido.

Foi demolido o casarão e cercado. Depois da morte de Maria das Graças, meus irmãos herdeiros o venderam e foi erguida uma grande loja.

O diretor do sanatório nem mudou para nossa cidade, vinha duas vezes por mês e cuidava da parte burocrática e os doentes ficavam sob minha responsabilidade. Os doentes aumentavam e o trabalho também.

Uma tarde, uma turma de jovens foi visitar um amigo no sanatório e Jenifer, a filha mais velha de Jonas, estava junto. Jonas tinha três filhas e um filho, continuava libertino, farrista, ligando pouco para a profissão. Jenifer era quase da idade do meu Juvenal, olhava tudo, encantada. A garotada, que pela primeira vez via um sanatório, se interessava por tudo, mostrei a eles todas as repartições, informando o que indagavam.

— Tio Antônio, fale-nos do vovô, lembro tanto dele — pediu Jenifer.

— Doutor Maurício foi o melhor médico que conheci, fundador do primeiro hospital, primeiro sanatório da região. Amava os seus doentes e curava-os com sabedoria.

A turma despediu-se alegre. Depois desse dia, Jenifer passou a ir ao sanatório e conversar comigo, passou a ir a minha casa, ora queria saber de um assunto, ora do amigo, ora do avô. Quando percebi, ela estava me chamando de Antônio, você, as visitas ficaram mais frequentes. Dona Efigênia alertou-me:

— Cuidado, Antônio! Essa menina vai lhe trazer problemas. Vem aqui somente quando você está e olha-o de uma maneira, parece apaixonada. Deus me perdoe se estiver enganada. Jenifer nem parece ser sua sobrinha.

Fiquei preocupado e resolvi prestar atenção e resolver o problema, não queria mal-entendimento com a família, muito menos com Jonas, e nem envolvimento com garotas. Naquela tarde, encontrei-a na minha sala no sanatório. Cumprimentou-me chamando-me de Antônio.

— Jenifer, por que não me chama de tio? Dá-me tanto prazer.

— Porque você não o é.

— Seu pai que proibiu?

— Não, ele nem sabe que venho aqui.

— E por que vem? Aqui não é lugar para uma mocinha.

Jenifer sentou-se, cruzou as pernas e olhou-me provocante.

— Antônio, será que terei de ser mais clara? Será que não entende? Venho aqui porque estou interessada em você. Amo-o!

Deixei o corpo cair na cadeira. Minha sogra tinha razão. Espantado, fiquei olhando-a e ela continuou:

— Não sou bonita? Você não me acha interessante? Você é viúvo e eu sou solteira, nada impede de nos amarmos. Podemos casar e...

— Está louca?! Você é minha sobrinha! Tem a idade do meu filho mais velho.

— Não estou louca! Não sou sua sobrinha! Você é filho adotivo da minha avó, não é irmão do meu pai, não é meu tio. E, depois, sei que Juvenal não é seu filho e, sim, meu irmão. Gosto de homens maduros, são mais interessantes. Você é lindo com esses cabelos grisalhos, tão gentil e educado.

"Meu Deus — pensei aflito —, o que faço?" Esforcei-me para acreditar no que ouvi. Se quisesse me vingar de Jonas, ali estava a oportunidade. Vingar? Não era capaz, vendo Jenifer, uma garota, querendo passar por mulher fatal, com rosto pintado, puxando a saia ao sentar, sorrindo e olhando-me com insistência, tive dó. Jonas sofreria com seus filhos o que fez Maurício sofrer. E foi a ele que pedi ajuda. "Meu pai, que faço com esta menina? Ajude-me, afinal ela é sua neta!"

Levantei, olhei-a sério e disse:

— Jenifer, minha querida sobrinha, gosto de você como filha do meu irmão, neta de meu pai. Para mim é e será sempre minha sobrinha. Nunca gostarei de você de outra forma. Não é nem o meu tipo, é feia, sardenta, baixa e chata. Desista de me conquistar, isso me aborrece. Você não me interessa e se insistir agirei como um bom tio que sou, tirarei a cinta e lhe darei uma boa surra. Pirralha idiota! Vá amar alguém de sua idade. Menina imbecil!

Não sei como tive coragem de dizer tudo aquilo. Comecei a falar e foi saindo, detestava ofender alguém. Mas era preferível cortar o mal pela raiz e evitar que Jenifer sofresse mais tarde. Não quis, por educação, lhe dar esperanças. Jenifer ficou vermelha, depois branca, segurou as lágrimas e gritou:

— Agora sim é meu tio, irmão do meu pai! Eu que pensei que fosse diferente! Idiota é você, seu velho!

Saiu batendo a porta, suspirei aliviado. Proibi a entrada dela no sanatório e pedi ajuda a dona Efigênia, que com seu jeitinho não a deixava esperar-me mais. Jenifer insistiu, por três vezes me cercou na rua e passei a fugir dela, chegando mesmo a correr para não ter que ouvi-la.

— Antônio, esse amor passa logo, é coisa da idade — consolou minha sogra. — Calma, fuja dela que acabará desistindo.

Recebi um bilhete de minha mãe convidando-me a ir vê-la para uma conversa particular.

"Jenifer já a envenenou."

Fui. Mamãe me levou ao salão de visitas e conversamos a sós.

— Antônio, conte-me o que ocorreu entre você e a Jenifer.

Suspirei triste. Como sempre, ela ficaria a favor dos filhos verdadeiros e agora dos netos. Com calma, sem omitir nada, contei. E fiquei surpreso.

— Acredito em você. Agiu certo. Antônio, percebi tarde demais a educação errada que dei a meus filhos, principalmente Jonas, que agora educa os seus filhos como foi educado. Jenifer me contou a história diferente, percebi nos seus olhos o despeito, entendi que tinha sido desprezada. Resolverei esse assunto, Jenifer não mais o importunará.

Não sei a conversa que tiveram, mas, para meu alívio, Jenifer parou de me procurar e fiz de tudo para não mais encontrá-la.

A segunda filha de Jonas, Júlia, casou-se e esperava um bebê. Em trabalho de parto, Jonas constatou que seria complicado e a filha sofria muito. Reuniu seus amigos médicos e citaram meu nome.

— Jonas, somente o doutor Antônio pode ajudá-la.

Mandou me chamar no sanatório e fui rápido.

Letícia, nervosa, me esperava na porta do hospital.

— Antônio, Júlia passa mal, ajude-a, por favor.

— Vou vê-la, Letícia, tudo que sei, tudo que puder, farei para ajudá-la. Acalme-se!

Por duas horas, lutei contra a morte, usei toda minha experiência e mentalmente me dirigi a Maurício: "Ajude-nos, meu pai!".

Comigo ficaram dois médicos, que já sem esperanças faziam o que eu mandava. A criança estava sentada, havia hemorragia e fomos vencendo. A criança nasceu viva, uma forte e bonita menina. A hemorragia foi cessando e Júlia não corria mais perigo.

— Doutor Antônio, o senhor venceu! — exclamou a enfermeira.

— Tudo é por Deus, filha, o esforço foi de todos.

Saí da sala me sentindo cansado, Jonas e Letícia esperavam no corredor.

— Tudo bem, Letícia, Júlia e a criança estão salvas.

— Obrigada, se não fosse você... Obrigada por ter nos atendido.

— Sempre atendo a todos que me chamam. Se fosse uma coitada sem família faria o mesmo. Alegro-me por ter ajudado Júlia, para mim todos os necessitados da medicina são iguais.

Jonas estendeu-me a mão.

— Obrigado, Antônio. O caso era desesperador. Pensei que perderíamos Júlia. É excelente obstetra.

Dei-lhe a mão, retirando-a rápido.

— Não me agradeça, Jonas, não fiz nada por você. Não me agradeça somente por educação. Seja realmente grato, pois aquele que é grato segue o exemplo do seu benfeitor. Não perca mais tempo, você tem tudo para ser melhor obstetra que eu e sempre encontramos no nosso caminho a quem beneficiar.

Tive vontade de lhe falar mais, porém, achando que não adiantaria, saí com um simples cumprimento.

Aquele dia foi especial para mim, fiquei felicíssimo. Tive ocasião de me vingar de Jonas e não o fiz. Tendo oportunidade de lhe fazer um bem, fiz com carinho. Paguei com o bem a quem muito mal me fez. Senti no íntimo que tinha vencido uma prova. E tinha certeza de que até a ele salvaria se necessitasse.

Depois daquilo, Jonas fazia questão de me cumprimentar, respondia cortês, evitando longas conversas; ganhei um amigo, senti que ele me respeitava.

6

A FELICIDADE NO BEM

Minha mãe desencarnou, isso fez com que me separasse mais de meus irmãos. Vivia para meus doentes e filhos. Foram maravilhosos meus filhos, nunca me deram aborrecimentos, nenhum quis cursar uma faculdade, mas foram trabalhadores e honestos. Juvenal interessou-se por madeiras, de empregado, com minha ajuda, passou a ser dono de uma indústria de móveis. José Maurício comprou um pequeno armazém e transformou-se em grande atacadista. Todos casaram muito bem e os netos encheram nossa casa. Minha caçula morava ao lado, dona Efigênia e eu ficamos sozinhos na velha e simples casa, da qual gostávamos tanto.

O diretor do sanatório passou o cargo a outro médico, seu amigo. Jovem e ambicioso, doutor Tadeu assumiu suas funções, mudou-se para nossa cidade. A pretexto de modernizar o sanatório, adotou normas cruéis e desumanas, como castigar os enfermos por desobediência.

Muitas discussões tivemos, ele exigia que suas ordens fossem cumpridas e eu não queria que maltratassem os doentes. Não me mandou embora porque eu era muito querido, e muitas pessoas importantes da cidade me deviam favores. Nessa ocasião pensei seriamente em largar de trabalhar no sanatório e voltar para o hospital. Mas compadecia-me dos doentes. Que seriam deles se os abandonasse? Quem lhes alimentaria em seus castigos de dois dias sem alimentos? Quem os tiraria das camisas de força?

— Fique, Antônio — aconselhava dona Efigênia —, se não está sendo agradável a você, fique por eles, pelos seus doentes.

Meditei e orei, senti dentro de mim a resposta: "Faça o bem pelo amor ao bem, não espere recompensas e nem tenha esperança de receber nada em troca, nem mesmo ter o reconhecimento daquilo que fez. Auxilia e não queira ver resultados e nem que os ajudados lhe mostrem gratidão. Agora é o momento de mostrar sua força, confiança e seu amor aos doentes, deve ficar".

Fiquei. Doutor Tadeu parecia às vezes me temer, nunca conseguiu me encarar nos olhos. Por dois anos ficou no sanatório, onde era detestado.

Dizem que o amor sincero é sentimento reconhecido, sentido por plantas, animais, crianças e loucos. Acredito. Maurício e eu nunca tivemos medo deles, amávamo-los e nenhum deles nos causou danos. Fomos por eles queridos e amados, acalmávamo-los com simples conversas, com olhares e agrados.

Nesse período foi internado um doente, Dito, um crioulo com dois metros de altura, forte e violento. Doutor Tadeu maltratou-o com seus métodos desumanos, como fazia a todos os desobedientes e perigosos. Eu conversava muito com ele, alimentava-o em seus castigos, um dia ele me disse:

— Esse médico louro é um demônio. Demônio se deve matar para se livrar das maldades. O senhor é bom, doutor Antônio. Mas demônio tem que matar...

Dito se aquietou, se tornou obediente. Eu sabia que sua doença era incurável, as melhoras eram aparentes. Mas não era essa a opinião do doutor Tadeu.

— Doutor Antônio, o senhor tem que se modernizar. Deve acreditar que meus métodos dão resultados, são eficientes. Dito está curado. Poderá ir para casa.

Não adiantaram nada meus argumentos, queria me provar que estava certo e que havia curado Dito.

Despedi-me de Dito com um abraço, aconselhei que tivesse juízo e que fosse bonzinho com todos. Riu para mim com seu jeito ingênuo, roguei a Deus por ele, para que na sua liberdade não fizesse mal a ninguém.

Doutor Tadeu tinha uma bonita fazenda na região, estava muito rico. Duas semanas depois que Dito saiu do sanatório, foi o diretor com sua família passar o final de semana na sua linda fazenda. Saiu sozinho a cavalo para ver as plantações. Como demorou, foram atrás e o encontraram no chão com Dito sentado em cima. O doente o tinha atocaiado e amarrado com tanta força que lhe quebrou vários ossos e com um canivete foi retalhando seu corpo. Doutor Tadeu desencarnou tendo o seu sangue esgotado.

Foi preciso várias pessoas para tirá-lo de cima do doutor Tadeu. Foi laçado, amarrado e levado novamente ao sanatório.

Senti profundamente o que aconteceu com o doutor Tadeu. Dito foi colocado numa cela especial como perigoso. Cuidei dele, não deixei ninguém maltratá-lo. Tinha suas crises e ficava furioso. Acalmava-o com conversas, doces e remédios. Ele gostava muito de mim, sempre repetia sorrindo:

— Doutor Antônio é bom! Gosto do doutor Antônio!

Um dia, ele tentou me explicar:

— Não matei o médico louro. Não fui eu! Somente lhe tirei o demônio do corpo. Apliquei nele o remédio que dizia que faria comigo. Foi isso! Ele falava que o remédio era bom, como estava doente, com o demônio, tinha que fazer ele sarar. Não matei ele, não é mesmo?

— Não, Dito, você é bom moço!

— Dito bom, sim! Sarei o médico louro, agora ele não judia mais de ninguém — riu alto.

Acreditei nele, de fato, comprovei, após meu desencarne, que Dito realmente pensava assim.

Com a morte do doutor Tadeu, ofereceram-me a diretoria, as pessoas do Conselho rogaram para que aceitasse. Pensei por uns dias e não aceitei, teria que cuidar da parte burocrática e já me achava velho e cansado.

— Fico cuidando dos doentes, se já arranjaram dois diretores, que arranjem mais um.

Mas, enquanto não arranjaram, fiquei cuidando de tudo. Com mais de setenta anos, comecei a pensar na morte do corpo.

— Dona Efigênia, acho que está na hora de doar tudo que tenho aos meus filhos, não é muito, mas é deles. O que a senhora acha?

— Faça, filho, o que achar melhor.

Reparti tudo entre eles, deixei em meu nome somente a casa em que morávamos e passei a trabalhar somente no sanatório, deixando até mesmo de fazer partos. No hospital havia bons médicos e eu não fazia falta.

Recebia meu ordenado e o dava todinho nas mãos da minha sogra, que fazia a despesa de casa, comprava-me roupas, enfim, tudo de que necessitávamos. Minha sogra ajudava várias famílias carentes. Uma senhora ficou viúva com seis filhos pequenos e ia todos os meses receber uma boa quantia. Às vezes ela trabalhava em casa, ora seu filho mais velho fazia as compras para dona Efigênia, ora carregava embrulhos quando esta saía às compras. Muitas vezes, chegava em casa e lá estavam a minha espera tutelados de minha sogra para que os consultasse e até mesmo para receber remédios que comprava.

Meus filhos preocupavam-se conosco, diziam sempre que deveríamos morar em casa melhor, com mais conforto etc. Mas éramos felizes vivendo assim. Um dia, cheguei em casa e José Maurício reclamava com a avó.

— José Maurício, por que fala assim com sua avó? — indaguei.

— Papai, vovó dá muito dinheiro aos pobres. Sabe quanto ela dá por mês a uma viúva?

Falou a quantia e esperou minha reação. Dona Efigênia abaixou os olhos. Calmamente fui até nossa caixinha. Em cima da cômoda, desde os tempos de Inês, ficava uma caixinha trabalhada de madeira em que colocávamos dinheiro para as despesas. Peguei a quantia citada e dei a ele, olhou-me assustado.

— Aqui está o dinheiro. Neste mês, a viúva não receberá nada, dou a você. Usará melhor, certamente. A senhora viúva que se arranje, irá de porta em porta para alimentar os filhos. Certamente este dinheiro não lhe tirará o sono, os ais de fome e frio não lhe chegarão aos ouvidos.

— Papai, por favor, não falei por isso! Nada reclamo para mim. Pensava somente nos senhores. Esta casa está velha, necessita de reforma, vivem sem conforto. Meus irmãos e eu moramos em casas melhores.

— José Maurício, entenda, sua avó e eu somos felizes assim. Vive-se bem onde há paz. Esta casa para nós é um palácio. Para que modificá-la se gostamos dela assim? Mil vezes nós aqui nesta casa velha e vocês em casas novas e bonitas. Amo-os e vê-los bem é minha tarefa cumprida.

— Desculpem-me, tome o dinheiro da viúva, prometo não mais reclamar. Meu lar é dos senhores, se a casa cair, não ficarão sem teto. Eu também os amo! Não existem no mundo pessoas melhores que os senhores.

Ele nos abraçou chorando. Resolveram nos deixar viver conforme queríamos e nenhum deles implicou mais conosco.

O novo diretor tomou posse. Resolveu reformar, modernizar o sanatório. Organizou festas, arrecadou verbas. Os doentes ficaram sob minha responsabilidade. Sabia que boa parte do dinheiro arrecadado ia para seus bolsos. Mas o doutor Marcílio era benevolente, ampliou o sanatório, deu conforto aos doentes. Os internos recebiam excelente alimentação, recreações, foram contratados mais empregados e enfermeiros. Tudo que eu lhe pedia dava um jeito de adquirir.

O sanatório ficou como sempre sonhara. Uma vez, dei a entender a ele que sabia que ficava com parte do dinheiro.

— Isso são comissões, doutor Antônio. Atualmente, todos trabalham assim. Não está faltando nada no sanatório, está?

— Não, não falta nada.

Resolvi não interferir mais, já que não interferia no meu trabalho, ele que ficasse com suas comissões, a mim bastava que meus doentes fossem bem tratados. Pensava muito no que me cabia fazer, vigiava os meus atos. Estava velho para arrumar encrenca e o sanatório nunca esteve tão do meu gosto. Procurava fazer o que me cabia sempre do melhor modo possível, fixava meu pensamento naquilo que estava fazendo para que fosse feito com perfeição.

O sanatório era um modelo, um verdadeiro hospital de caridade. Mas estava cansado, meu coração inspirava cuidados e medicamentos, sabia que o ritmo de trabalho deveria diminuir. Assim, veio trabalhar conosco o doutor José Luiz, médico recém-formado. Gostei dele, era bom, caridoso, inteligente e trabalhador. Conversamos muito, trocando ideias, doutor José Luiz era espírita.

— Doutor Antônio, a doença está na alma, no espírito, devemos cuidar das duas partes: corpo e espírito.

Não gostava muito de falar de religiões, todas para mim ajudavam a ir até o Pai. Sempre fora católico, não desses de ir muito à igreja, mas orava sempre e fui sempre grato. Acreditava e acredito que são nossos atos bons que nos levam a Deus e tudo que fazia, faço, realizo com boa vontade, como sendo para Deus e não para os homens.

No sanatório nos chamavam carinhosamente de Médico Velho e Médico Novo. José Luiz foi aos poucos fazendo todo meu trabalho. Eu ia todos os dias ao sanatório, conversava com os doentes, andava por todo lado, sem rapidez, meu andar estava lento. Graças a Deus, o raciocínio era o mesmo.

Fiz oitenta e sete anos. Na véspera, filhos, netos e bisnetos fizeram uma bela festa para comemorar. Fui deitar mais tarde do que de costume e não dormi bem, levantei mais tarde e, como sempre, fui ao sanatório. Doutor José Luiz me esperava.

— Bom dia. Estava preocupado com o atraso, mas, pelo visto, dormiu demais. Como está o senhor?

— Bem, filho. Sinto-me um pouco cansado, vou descansar, ou melhor, vou ler um pouco. Tudo bem? Os doentes?

— Tudo bem, se necessitar de mim, é só chamar.

Entrei na sala de recepção, tranquila naquela hora do dia, deitei no sofá, peguei uma revista e comecei a folheá-la. Meu coração estava fraco, tomava os remédios direitinho, mas sabia que a idade estava avançada. Pus-me a ler, mas ultimamente, ao ler por mais tempo, acabava dormindo.

Pensei que dormira, mas desencarnei, meu coração simplesmente parou de bater. Não senti nada, não vi nada, acordei bem-disposto.

— *Onde estou?! Aqui não é o sanatório! Que roupas são estas?*

Estava com uma roupa de dormir muito confortável e bonita, num leito limpíssimo, levantei e olhei tudo.

— *Isto é um quarto! Estou em um hospital, estas roupas devem ser deles. Que quarto grande e bonito! Devo ter me sentido mal e o doutor Luiz me conduziu a um hospital.*[1]

Havia uma janela grande do lado esquerdo da cama; abri-a e encantei-me. A vista dava para um bem cuidado e belíssimo jardim, onde várias pessoas passeavam conversando, animadas.

Falei sozinho:

— *Não conheço este hospital. Onde será? Não, da vizinhança não é, conheço todos. Que desperdício me internar aqui! Isso só pode ser ideia do Médico Novo, preocupa-se tanto comigo! Quero ver se uma máquina ou tratamento será capaz de fazer meu coração trabalhar como novo. Isto aqui deve ser caro! Somente José Luiz para pensar em gastar dinheiro com um velho como eu.*

Sentei na cama, achando tudo muito bonito, e contei as batidas do meu coração.

— *Normal! Puxa!*

---

1 N.A.E. – Ao desencarnarmos somos levados para onde fizemos por merecer. Hospitais no Plano Espiritual têm enormes enfermarias onde é atendida a maioria desencarnada. Antônio fez por merecer ser atendido em uma de suas alas, onde se recuperam sem se sentir doentes os que viveram para o bem, como esse amigo.

As batidas estavam fortes e ritmadas, continuei meu monólogo.

— *Ora! Não é que o doutor José Luiz pode ter razão? Estou muito bem! Estou disposto! Levantei, será que podia? É melhor chamar alguém.*

Toquei a campainha que estava na cabeceira da cama e aguardei por instantes, logo um enfermeiro simpático e sorridente entrou no quarto.

— Precisa de algo, *senhor?*

— *Não, obrigado, estou me sentindo bem. Queria ver o médico que me atendeu. Por favor, diga-lhe que, quando puder, venha me ver. Estou ansioso para conhecê-lo e agradecê-lo. Deve ser excelente médico.*

— *Sim, senhor.*

— *Posso me levantar?*

— *Sim, esteja à vontade.*

Ele saiu. Logo me trouxeram um caldo, que tomei sem fome, achando diferente, com gosto de ervas.

"Deve ser dieta!" — pensei.

Lembrei de minha sogra.

"Se não deixarem que me veja, fará um escândalo. Pedirei ao médico esse favor."

— *Bom dia!*

Era o médico, simpático e sorridente, apertou minha mão, gostei dele, que continuou a falar.

— *Como está, doutor Antônio? Queria falar comigo? Está gostando daqui?*

— *Estou muito bem, obrigado. Com quem estou tendo a honra de falar?*

— *Saulus, seu amigo.*

— *Quero agradecê-lo, doutor Saulus, e solicitar um favor. Não gosto de ter regalias, mas minha sogra, mais velha que eu, noventa e um anos, imagine, certamente quererá me ver, gostaria que permitisse. Amamo-nos um ao outro como mãe e filho.*

— Perfeitamente.

— Obrigado. Que tipo de tratamento me aplicou? Sinto-me bem e a melhora foi rápida.

— Curioso, doutor Antônio?

— É que tenho muitos doentes, seria maravilhoso aplicar neles também. Sempre gostei de inovações, amo as pesquisas. Não tive tempo para fazê-las, mas nunca deixei de me interessar por elas. Este tratamento é fantástico! Queria, se possível, aprender.

— Claro, será um prazer. Terá tempo para isso, muito tempo.

— Doutor Saulus, não afirme com convicção, já tenho oitenta e sete anos.

— Agora, tenho que ir. Até logo! — despediu-se sorrindo.

Minutos depois, o enfermeiro anunciou uma visita.

— Dona Efigênia!!! — abracei-a. — *Como está a senhora? Quem a trouxe?*

— Estou bem, muito bem. Eles me trouxeram, o pessoal que trabalha aqui. Bonito este lugar, hem? Como está, meu filho? Quando disseram que você estava dormindo no sanatório, não acreditei, fiquei brava e nervosa. Queria ver você e comecei a chorar, os meninos não sabiam o que fazer para me agradar. Desconfiei logo, você nunca se ausentou sem avisar. Orei tanto e pedi a Jesus para que pudesse vê-lo e aqui estou. Graças a Deus, vejo-o bem. Vou ficar aqui com você.

— Dona Efigênia, aqui é um hospital, não sei se poderá ficar comigo. Quem trouxe a senhora?

— Eles, já disse.

Dona Efigênia, às vezes, se confundia. Deveria ter sido um dos meus netos. Conversamos sobre a beleza do jardim, das pessoas agradáveis que trabalhavam no hospital.

— *Parece que eles não têm problemas, estão sempre sorrindo* — comentei.

Um enfermeiro veio buscá-la.

— *Até logo, meu filho, vou ficar no quarto ao lado.*

Perguntei baixinho ao enfermeiro se era verdade.

— *Sim, dona Efigênia está no quarto ao lado.*

Fiquei confuso e preocupado. Estaria dona Efigênia doente também? Parecia tão bem. Chamei pelo enfermeiro e veio, sorridente, o doutor Saulus.

— *Doutor Antônio, o senhor gostou da visita?*

— *Sim, muito. Não a esperava tão cedo. Quem trouxe minha sogra até aqui? E por que a deixaram? Estou preocupado, este hospital deve ser caro, não tenho dinheiro, vivemos do meu ordenado. Não quero que meus filhos, já velhos, assumam as despesas. Por favor, onde fica este hospital? Conheço a redondeza e...*

— *Dinheiro não deve ser preocupação. Tudo aqui é gratuito.*

— *Ufa! Até os atendidos em quartos como este? Mesmo? Ainda bem! Mas onde fica? Nunca ouvi falar de um hospital assim.*

— *É o Hospital Fraternidade, fica na Colônia do Amor Divino.*

— *Quê!? Nunca ouvi nada parecido. Em que cidade?*

— *No Plano Espiritual. Doutor Antônio, deixe as perguntas para mais tarde. Está aqui alguém que há tempo não o vê, aguarda ansioso para abraçá-lo.*

Abriu a porta e Maurício entrou sorrindo, estendendo as mãos.

— *Valei-me, meu Deus!*

Olhei-o assustado e tremi de medo. Maurício, percebendo minha reação, saiu e Saulus veio até mim, pôs suas mãos sobre minha cabeça e me adormeceu com passes.

Quando acordei, sentei rápido na cama e lembrei de tudo: "*Meu Deus!* — pensei. — *Não estou em um hospital, estou em um sanatório. Onde será que fica este sanatório? Parece bem dirigido, limpo e organizado. Não ouvi um grito ou gemido. Trataram-me bem e sinto-me ótimo. Estranho! Aquele Saulus não é médico, é louco. Quem sabe fugiu e passa por médico. Hospital no espaço! Imagina! Nada há no espaço, somente atmosfera. Meu Deus, e aquele outro, como parece com meu pai! Que loucura! Será que pensam que enlouqueci e me internaram num hospício? Por que então não me deixaram no meu?*"

Andava pelo quarto, sentava, levantava e lembrei que o doutor José Luiz e eu comentamos há tempos uma tese de que loucura podia ser contagiante. Ri muito, mas agora não tinha a menor graça. "Será que convivi tanto com doentes que pensam que enlouqueci?" Devagar abri a porta.

— *Não está trancada!* — exclamei.

No corredor não tinha ninguém, pareceu-me grande demais e estava muito limpo. Abri a porta ao lado, que igualmente estava destrancada. O quarto estava vazio. Em cima da mesinha estava uma foto de minha sogra com os netos, o que me deu a certeza de que ali se hospedava, pois dona Efigênia não se separava daquela foto, levando-a aonde ia.[2]

Voltei ao corredor.

Pelo menos não estou prisioneiro no quarto!

---

2 N.A.E. – A fotografia foi plasmada em benefício ou agrado a dona Efigênia. Podem-se plasmar cópias perfeitas de qualquer objeto material aqui no Plano Espiritual. Para isso, basta saber. Dona Efigênia tinha muito carinho por essa foto e guardava-a sempre consigo. Aceitou e entendeu a desencarnação mais fácil e rápido que Antônio.

Observei que todos os quartos estavam com suas portas abertas.

Passei pelo corredor e fui ter em um *hall* grande. Todos que passavam por mim cumprimentavam-me sorridentes, respondia desconfiado.

"Deve ser difícil fugir deste sanatório. Confiam muito para deixar tudo aberto."

— *Bom dia! Como está?*

— *Bom dia!* — resmunguei e pensei: *"Será ele louco? Não me parece..."*

Cheguei ao pátio sem dificuldades e fui ao jardim. Encantei-me com o lugar, árvores maravilhosas, flores perfumadas, o céu muito azul, ar suave e agradável. Distraí-me e trombei num senhor. Desculpei-me apressado, pensando que fosse ralhar comigo. Mas ele me olhou sorrindo.

— *Encantado com tantas belezas? É novo aqui? Quando chegou?*

— *Sou novo, sim. Aqui é bonito de fato. Diga-me, senhor, está internado aqui? O que tem?*

— *Graças a Deus estou internado aqui. Tinha, senhor. Tive uma angina que me desencarnou. Estou quase bom. Já na segunda-feira começarei a trabalhar.*

— *Estou com pressa, até logo.*

Andei o mais rápido que consegui. *"Outro louco! Parecia tão bem!"* Fui andando pelo jardim procurando minha sogra, temendo não encontrá-la.

"Se vou embora, não posso deixá-la aqui. Será que consigo sair daqui?"

Suspirei aliviado quando a vi sentada num banco conversando com duas senhoras. Fui ao seu encontro e falei aflito:

— Dona Efigênia, graças a Deus a encontro! Bom dia, senhoras! Poderiam me dar licença? Necessito conversar em particular com minha sogra.

As duas simpáticas senhoras responderam meu cumprimento, levantaram e saíram, levantei dona Efigênia do banco e cochichei ao ouvido:

— Dona Efigênia, precisamos fugir rápido daqui! Estamos num local perigoso, num sanatório em que doentes ficam soltos. Trataram-me bem até agora, e à senhora?

— Muito bem, sinto-me ótima.

— Isso é o que mais me estranha. Vamos!

— Aonde? Já sabe como sair daqui?

— Não sei, mas descubro. A senhora sabe como sair? Não!! Vem comigo, darei um jeito. Imagine que eles pensam que estão no espaço, que estão mortos! É uma loucura total!

— Calma, meu filho! Calma, Antônio! Ninguém é louco. É verdade! Você e eu morremos. Você, tão ativo, estudado, não entendeu ainda? Aqui eles falam que desencarnaram, é a mesma coisa.

— Dona Efigênia, a senhora também?! Morri? Mas como? Não senti, não vi!

— E precisava? Morreu e pronto. Antônio, pense, o que fazia você lá no sanatório?

— Eu?... Não estava me sentindo bem, meu coração estava fraco e sei que poderia parar a qualquer instante. Tinha dores no peito, nas pernas, resolvi descansar e dormi, acho.

— Não se sentia bem e agora como se sente?

— Muito bem, sem dores e com o coração normal. É melhor conversarmos depois, vamos achar um modo de ir embora.[3]

---

3 N.A.E. – O perispírito é cópia idêntica do corpo material ou vice-versa. Muitos recém-desencarnados sentem forte a impressão da matéria, como dores, sensações e, como Antônio, o coração, órgão que lhe preocupava por achar-se enfraquecido.

— Antônio, não me faz passar vergonha! Entende logo. Você morreu, seu corpo morreu, agora vive em espírito. Não sabe que é eterno?

— Somos eternos. Mas a morte não é assim. Deve-se, ao morrer, ver Deus, ser julgado...

— Filho, a morte do corpo é algo natural, sem essas complicações. Você morreu e, quatro dias depois, desencarnei de um infarto. Faz sete dias que dorme. Já é tempo de você entender! Olhe ali! O doutor Maurício, seu pai, pessoa amabilíssima, conversamos muito. Antônio, não me fale que está com medo dele!

— Estou! Meu Deus, piedade! Se estou sendo castigado, livre-me deste castigo. Vou tentar ser melhor! Não sou mau, livre-me de passar por louco depois de velho. Será que isso tudo são delírios? Meu Deus, sempre fui amigo dos doentes, cuidei bem deles. Se não fui melhor, perdoe-me.

Falava depressa, implorava com os olhos fixos no maravilhoso céu da colônia.

— Antônio, pare de choramingar! Pare já! Doutor Maurício! — gritou, acenando a mão. — Veja seu filho Antônio aqui! Venha abraçá-lo!

Fiquei parado, sentindo o coração bater forte e as pernas a tremer. Pensei: "Se não morri, morro agora!"

Maurício veio devagar, sorrindo. Observei meu pai, o amigo de tantas existências, de erros e acertos. Rápido como num filme, vi meu corpo adormecido no sofá do sanatório. Vi o doutor José Luiz entrar na sala e me examinar, senti que estava frio, meu corpo sem vida, vi meu amigo e colega chorar dizendo:

— Doutor Antônio desencarnou, tivemos grande perda. Alegrias no Plano Espiritual para um justo!

Vi meus filhos, netos, bisnetos, amigos e ex-pacientes chorando em volta do meu corpo. Vi meu enterro com inúmeras pessoas e muitas flores.

Maurício estava em minha frente.

— *Não quero assustá-lo, meu filho. É um prazer tê-lo aqui conosco.*

Lágrimas correram pelas minhas faces, refugiei-me em seus amorosos braços. Abraçamo-nos saudosos e felizes.

7
EPÍLOGO

— Nessas minhas reencarnações — Antônio finalizou —, em que errei, sofri e aprendi, não há regressão, a lição quando aprendida, é vivificada nos nossos atos, se não aprendemos, a possibilidade de errarmos novamente é grande. Remocei. Com a aparência de velho, tinha a sensação de cansaço e lerdeza, impressão somente, o espírito é ágil e não tem idade. Lendo os Evangelhos, refleti muito no que Jesus ensinou: "E conhecereis a verdade, e a verdade vos libertará".[1] Sentindo-me quite com meus erros, necessitava conhecer, saber para progredir. A situação embaraçosa por que passei nessa última existência, quando desencarnei, foi por não saber, não entender.

---

1 N.A.E. – Evangelho de João, VIII, 32.

Vim aprender a ser útil neste centro espírita, realizando meu sonho de ter conhecimentos. Sei que muito posso fazer pela ciência, é somente me esforçar, estudar, pesquisar, respeitando a tudo e a todos.

Maurício interveio sorrindo:

— *Muitas oportunidades tivemos, e temos com as encarnações, mas é necessário querer progredir agora, neste instante, não devemos deixar para fazer no futuro. É necessário parar, pensar e assimilar o que aprendemos e passar a vivê-las. Porque aqui, neste centro espírita, na Doutrina Espírita, temos aprendido muito, mas não basta dizer que são verdadeiras e maravilhosas essas lições. Para obtermos êxito, é preciso fazer com exatidão o que nos é ensinado. Observar o alimento num prato e dizer que é bom não satisfaz o estômago, é preciso comê-lo. Da mesma forma não basta ler ou ouvir os ensinamentos dos Evangelhos, é preciso viver como Jesus nos ensinou.*

Meus amigos foram chamados para um socorro em uma das enfermarias do posto de socorro no centro espírita. Acompanhei-os.

Num leito, estava uma senhora desencarnada por um acidente, tinha o perispírito todo machucado. Estendeu a mão esquerda, menos ferida, implorando com o olhar, rogou:

— *Ai! Ai! Morro de dores, ajudem-me!*

— *Calma, filha, calma! Eleve o seu pensamento a Jesus, imagine Ele a curá-la.*

Os dois caridosos facultativos acalmaram-na, já sonolenta repetia:

— *Ajudem-me, ajudem-me...*

Até que adormeceu e começaram a recompor seu perispírito.

Saí da enfermaria e parei no salão. Já era hora de ir embora, afazeres me aguardavam em outro local. Pensei em agradecer os amigos que pacientemente me atenderam. Por horas agradáveis os escutei nas suas narrativas de erros e sofrimentos, acertos e alegrias. Mas estavam trabalhando, exerciam o dom de apaziguar dores do modo mais puro, por amor. Maurício e Antônio amam a medicina como tantos outros médicos. Porém, pode ser uma profissão rendosa comercializar com dores, e ter lucro com ela no nosso mundo. É justo ter no trabalho sua remuneração, mas que não haja abusos e nem discriminações entre doentes. Porque somos o que construímos e são nossos os frutos que plantamos, que podem ser doces e agradáveis ou azedos e amargos.

O salão silencioso naquela hora ressoava ainda a voz forte, agradável e sincera do orador encarnado. Lembrei dos pedaços mais bonitos da palestra da sessão anterior: "Nós aqui estamos reunidos em nome de Deus, tantos atos fazemos em seu nome, vestimos os nus, enchemos estômagos, atos fáceis de fazer, dignos e humanos, mas devemos também mudar interiormente. Ter cumprido nosso dever de cristãos não significa amar, precisamos realmente aprender a amar a Deus."

"Tantas vezes, ao sofrermos, podemos até pensar que não merecemos ou que estamos desamparados. Tantos, por fazer as obrigações de cristãos, se acham em crédito e tentam chantagear com atos externos a Divindade para obter facilidades. Mas, quando amamos realmente, todas as criaturas são objeto do nosso amor e nenhuma recompensa devemos esperar."

"Jesus foi torturado e assassinado, será que seus discípulos e parentes não ficaram desiludidos ou se sentiram desamparados? Principalmente porque sabiam que Ele não somente fazia a vontade de Deus, como amava a tudo e a todos do modo mais puro."

VERA LÚCIA MARINZECK DE CARVALHO ditado por ANTÔNIO CARLOS

"Tudo tem sua razão de ser. Diante dos sofrimentos sejamos fortes e confiantes e teremos lições que sabiamente nos alertarão para a correção e nos impulsionarão para o progresso."

"Se, desiludidos ou nos sentindo desamparados, paramos de fazer o que nos compete no bem, é dar vitória às trevas, é parar a caminhada, é deixar de fazer. Quem pode fazer o bem, seja de que forma for, e não faz, cria débitos. Que o sofrimento seja nosso estímulo para melhorarmos, e que possamos semear a melhor das sementes para produzir melhores e doces frutos."

Grandes verdades aprendemos em centros espíritas, orientados por estudiosos e pessoas conscientes do seu dever cristão. Não estava mais sozinho no salão, um trabalhador novato estava a orar, sentado num canto. Chamou-me atenção pela sua fisionomia suave e por estar concentrado na sua oração. Sem querer ser intrometido, escutei sua prece sincera:

"Bendito seja o Senhor, consolador dos meus ais e dos meus padecimentos. Bendito seja o socorro a mim concedido, eu, pobre espírito endividado e pecador. Tudo tenho para ser agradecido, pois muito recebi! Agradeço, Senhor, por estar nesta casa de socorro e de amor, por estar abrigado e orientado. Tem complacência de mim, Senhor, que fali na romagem da carne. Dai-me a boa vontade para aceitar com sabedoria a lição da dor e do sofrimento, para aprender a sustentar as obrigações do futuro. Dai-me a coragem para mudar meus enraizados hábitos viciados. Transfundi minhas mágoas e rancores em regozijos e resistências. Ilumina-me para entender melhor suas leis de amor e de caridade, para elevar-me ao progresso. Acho-me apto para seus ensinamentos, dai-me a compreensão, a força para sanar minhas dores e passar da condição de ajudado a ajudante. Assim seja!"

Agora, com maior entendimento, li novamente os dizeres do quadro:

"Louvado seja o Senhor pelas oportunidades de reparar nossos erros (Amanis)".

Lembrando os dizeres de um amigo, que em cada boa história proveitosas lições tiramos, contente passei ao pátio.

O Sol, nosso astro-rei, começava a surgir lentamente no horizonte, tingindo de vermelho o céu. Parti feliz.

Av. Porto Ferreira, 1031 | Parque Iracema
CEP 15809-020 | Catanduva-SP

www.**petit**.com.br | petit@petit.com.br
www.**boanova**.net | boanova@boanova.net

 17 3531.4444
 17 99777.7413
@boanovaed
boanovaed
 boanovaeditora

Acesse nossa loja

Fale pelo whatsapp